十四歳からのソコソコ武士道

柏耕一

さくら舎

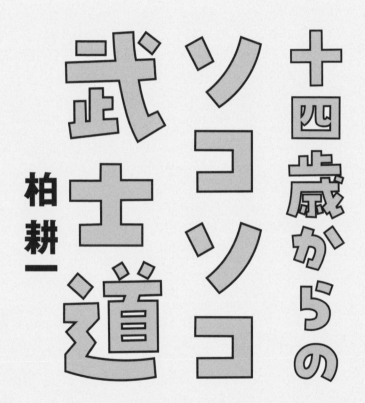

まえがき

本書は、新渡戸稲造《にとべいなぞう》の名著『武士道』を紹介・解説することを縦軸に、一四歳の剣道部女子部長・前田芙蓉《まえだふよう》の成長物語を横軸に組み合わせています。

『武士道』は明治三十一年（一八九八年）、新渡戸稲造によってアメリカ滞在中に英語で書かれ、明治三十二年にアメリカの出版社から出版されました。すると大きな反響を呼び、ポーランド、ドイツ、スペイン、ノルウェー、ロシア、イタリア語に翻訳され、読まれました。日本紹介の英文では、岡倉天心《おかくらてんしん》の『茶の本』と並ぶ、画期的な書です。

なぜ、新渡戸稲造はこの本を書くことになったのでしょうか。

新渡戸稲造がベルギーの法学者ラブレーと散策中、話は宗教教育に及びました。新渡戸がラブレーに、日本人の学校教育には宗教教育がないことを伝えると、ラブレーに大変驚かれました。

ラブレーは、

「それではあなたがた日本人は、どうやって子孫に道徳教育を授けるのですか」

と新渡戸に問い、それに即答できなかったことに彼は愕然《がくぜん》とします。

そして新渡戸は、人の倫《みち》たる教訓は学校で教わったものではなく、自分に善悪の観念を吹きこんだものは〝武士道〟であることに思い至ったのです。

さて、刊行以来一二〇年以上経ってもその輝きは少しも失《う》せない『武士道』ですが、現代に生きるわたしたちにとって、そう読みやすい本ではありません。

そこでわたしは、いまは三〇歳になっている女子中学生時代の前田芙蓉と、人生のメンターたる「おじいちゃん」に登場してもらい、『武士道』の魅力とエッセンスを誰にでも有益かつ気楽に読んでもらいたいと考えたのです。

剣道少女を中心としたファミリーの〝武士道〟物語を楽しみながら読み、なおかつなんらかの気づきがあるならば、これ以上の喜びはありません。

柏 耕一

目次◆十四歳からのソコソコ武士道

剣道監修　中島一憲（神奈川県中学校体育連盟剣道専門部長）
『武士道』翻訳　倉持哲夫

十四歳からのソコソコ武士道

第１章　武士道は、**人として恥じない道**を求める精神

人には出会いというものがある。それが人生に大きな影響を与えることは、多くの人が言っていることだ。わたし、前田芙蓉もそれを実感する。

いま中学三年生だが、小学校以来の何人かの恩師、クラスメイト、剣道部の仲間、父母、祖父母、それぞれここに書き出せば書きつくせない思い出、言葉がある。

とくにわたしはおじいちゃんの前田哲矢《てつや》にかわいがられた。小学生の頃、わたしは気が弱くて泣き虫でよく学校から泣いて帰ってきたので、お父さん、お母さんはもちろんのこと、おじいちゃんがすごく心配した。

そこでおじいちゃんのすすめで、小学校四年生から近くの剣道場に通うようになった。おじいちゃんは若い頃剣道をしていて、剣道四段にまでなっており、剣道がわたしの精神鍛錬になると考えたようだ。

たしかに剣道を始めてから、わたしは学校で先生に叱られたりクラスメイトにいじわるされたりしたからといって、メソメソすることもなくなった。もちろん剣道だけではなく、体も大きくなりはじめ、勉強も好きになり、成績がぐんと伸びたせいもあるかもしれないけれど。

剣道は、防具をつけていても面を相手に決められれば痛いし、練習自体もきつい。でもいちいち弱音は吐けない。同級生や年下の子もいるから、そんな姿を見せればすぐバカにされてしまう。道場の師範も剣道の技を教えるだけではなく、剣道をする心構えや人としての生き方まで教えてくれた。

「いくら道場に通って強くなっても、人にやさしくなければ意味がない」

「文武両道という言葉があるだろう。剣道が上達してもそれだけではダメだ。勉強もしなさい。人間はバランスが大事だ」

「強くなる人には向上心がある。練習の中身を濃くしなさい」

そのほかにも師範は折に触れていい話をしてくれた。

わたしの通う神奈川県の横浜市立横手中学校には剣道部があったので、部活は剣道部に入った。指導をしてくださる顧問の先生は、神奈川県警機動隊出身という変わり種の白川《しらかわ》先生だ。

白川先生は剣道六段。全日本選手権には出場したことはないそうだが、県大会では上位に入賞したことのある実力派だ。機動隊には四年半いたそうだが、どうしても教師になりたくて、猛勉強して願いをかなえたらしい。

わたしは、白川先生が横手中学校に来て四年目の年に、剣道部に入部した。先生の目標は全国中学校剣道大会出場だ。でも横手中は、当時はまだ県中学総体でさえ二回戦敗退といったレベルだった。

わたしは昨年一〇月、三年生の引退後に剣道部の女子部長になった。男子部長は大《おお》石翔太《いししょうた》。部員は男子一七名、女子一〇名。白川先生はもう少し部員を増やしたいと言っていた。

新学期を迎えた四月のある日、白川先生は部活終了後に部員全員を集めて、思いがけないことを言った。真剣な表情をしていた。

「わたしが教えるようになって六年目になる。今年はなんとしても男子も女子も県中学総体で上位入賞を果たしたい。それ以上の夢のようなことも思いえがいている」

ここで白川先生は一拍おいて、話を続けた。

「しかし、君たちの稽古を見ている限り、それはとてもおぼつかない。わたしにはその原因がわかってきた気がするけれども、それをいますぐ言うのはどうかと思っている。そこで、わたしから答えを聞いてしまう前に、その原因を、君たち自身で考えてみてほしい」

わたしたちは、これまで白川先生の言うとおりに稽古していればいいと思っていたので、真剣に部の強化・発展なんて考えたことがなかった。先生は、部員みんなの顔を見回してから、口を開いた。

「大石は、どう思う？」

大石翔太は、先生の突然の指名にあわてた表情をしながらも、優等生らしく答えた。

「稽古に真剣さがたりない気がします。いつでも試合するような気迫が必要です。ただ毎日練習していれば試合に勝てるとは思いません」

わたしは、さすが部長だけあっていいことを言うなぁと思って聞いていた。しかし先生は、いいとも悪いとも言わなかった。次に三年生の三井《みつい》拓真《たくま》を指名した。三井は白い顔を青くしながら、

「ぼくはなかなか剣道が上達しません。努力がたりないからかなと思ったりするけど、それだけじゃない気もします。素質がないのかもしれないけど、そんなのは負け犬のセリフみたいだから言いたくないです。もう少し原因を考えてみます」

と声を絞り出すように答えた。

「うむ」とうなずいた先生は女子のほうに顔を向けた。てっきりわたしが指されるかと思ったが、わたしの隣に座る丸山紗枝《まるやまさえ》が指名された。紗枝は三年生で、横手中学一の美人だ。すらりと背も高く、黒いきれいな髪が汗でぬれてますます黒くなっていた。透きとおるような声でこんなことを言った。

「わたしは芙蓉と違って、中学校に入って剣道を始めたので、まだ芙蓉には追いつけていないですが、少しずつでも上達している感じはあります。でももっとうまくなりたいです。剣道は相手がいてこそだからみんなで稽古するわけなので、そこに上達のカギがあるような気がします」

「そのとおりだが、そこはいままでもやってきたよな」

そう言って白川先生はみんなを見回した。部員全員に意見を聞くかと思っていたら、先生は、

「来週もう一度みんなの意見を聞くから、それまでそれぞれ剣道上達の方法を考えてきなさい。そのとき、先生の考えも言うことにする。まず、自分で考えてみるように」

と言って稽古の終了を告げた。

わたしは内心ホッとした。そんなことを突然聞かれても、いい考えが全然思いうかんでいなかったからだ。小学生以来、剣道は師範に言われるとおりやっていれば上達すると思って、稽古をしてきた。それを、白川先生は教えを受ける側のわたしたちに、答えを出すよう求めているのだ。

胴着を脱いで制服に着替え、帰り支度をしていると、丸山紗枝が寄ってきた。

「なんで先生は、いきなりあんなことを言い出したのかなぁ？」

わたしはその点に関しては、ピンとくることがあった。

「先生としては、プライドが許さないんじゃない？　神奈川県警機動隊って経歴からすると、中学校の剣道部を強くすることなんて、きっとそんな難しいことと思っていなかったんだよ。それなのに結果が出ないから、焦ってるのかも」

とわたしは半分他人事《ひとごと》のような言い方をしてしまった。

そこへお調子者の中村京香《なかむらきょうか》が、

「芙蓉は部長なんだから、来週は気のきいたことを言わなアカンで」

と関西弁で茶々《ちゃちゃ》を入れてきた。京香は中学入学時に大阪から引っ越してきたが、気を許す相手にはいまでも関西弁を使うことがある。

この前も、

「芙蓉は剣道部の部長になんかなったりしたら男の子にモテへんよ」

と余計なことを言うから、わたしもつい、

「京香は人のことを心配する前に自分のことを心配したほうがいいよ。この頃、大田《おおた》が二組にしょっちゅう顔を出しているみたいよ」

とからかってしまった。

二組には京香のライバル、前園小百合《まえぞのさゆり》がいる。陸上部中距離期待の星の大田はモテモテなのだ。京香は顔を真っ赤にして「関係あらへん」と言ったきり、押し黙ってしまった。

試合では中堅《ちゅうけん》、つまり五人チームで行う団体戦の三番手を務める京香だが、実力的にはもうひとつだ。ただ白川先生は京香の負けず嫌いの性格を見込んで起用していると聞いたことがある。しかし攻めこまれると弱いところもある。だからわたしはひそかに京香の恋の行方を心配している。

わたしの家は二世帯住宅で祖父母が二階、父母とわたしと小学校六年生の弟、櫂《かい》が一階に住んでいる。でも夕食だけはみんなそろって一階のダイニングでとることにしている。それはおじいちゃんの希望であり、お父さんの考えでもある。お父さんはおじいちゃんを尊敬しているのだ。

お父さんはいままで、おじいちゃんの教えを受けながらやってきて、ひとつも失敗はなかったと常日頃から言っていた。だから、大手商事会社を定年退職後、いくつかの会社の顧問をして、いまは悠々自適《ゆうゆうじてき》の毎日を送るおじいちゃんに、元気なうちに少しでも自分の子どもたち、つまりわたしや櫂と触れあわせたいのだ。

わたしもおじいちゃんが大好きだが、それはなにも孫であるわたしに甘いからではない（それも、あるにはあるけれど）。叱られるときも、いつもおじいちゃんの言うことには筋が通っていて、わたしも素直に納得できてしまうすごさがあるのだ。

いつだったか、おこづかいで友だちとカラオケに行って、帰ってきたらお母さんが怖い顔をして待ちかまえていたことがあった。友だちの母親から家に連絡がきて「祖母の具合が悪いのに娘が帰ってこない。行く先を知りませんか」と聞かれたらしい。

お母さんは、わたしがふたりでどこかへ出かけたのは知っていたが、行く先は知らなかった。

わたしは、友だちと遊びに行くとお母さんに言ったときに、行く先を聞かなかったのはお母さんじゃない、だからわたしは何も悪くないと反抗的な口をきいた。するとお母さんは、

「人に心配させておいて、その口のきき方は何？　少しは反省したらどうなの」

とさらに怒りが増したようだ。

するとおじいちゃんが、お母さんをなだめながら、わたしをやさしく諭《さと》した。

「芙蓉の言うことも理屈だが、結果的に向こうのお母さんに心配をかけたのは事実だろう。その結果、芙蓉のママもヤキモキさせた。客観的に見て、これは心配した人が悪いとは言えないな。そのお友だちとも話しあって、今後はそうならないようにしないといけないね」

おじいちゃんはいつもこんな調子で話してくれる。だから好きだ。

夕食のとき、お父さんは仕事でまだ帰っていなかったが、今日、白川先生が部活で

言ったことを家族に話してみた。お母さんは、

「芙蓉は部長だから責任重大ね。でも先生はなぜ自分の考えをすぐ言わないのかな。生徒からいいアイデアが出るのを期待しているのかしら」

とおじいちゃんに問いかけた。

「そうだな、先生には先生の考えがあるようだけど、生徒自身の自覚がない限り、やはり剣道は強くならないからね。わたしが剣道をやっていたとき、師範から教わってなるほどと思った言葉がある。芙蓉にはまだ難しいと思って言わなかったが……〝啐《そっ》啄《たく》の機〟という禅語がある」

わたしは思わずおじいちゃんに聞きかえした。

「え、ソッタクノキ？」

「そうだ」とおじいちゃんは言いながら、近くにあったボールペンでメモ用紙に漢字を書いてくれた。

「これはね、雛《ひな》が孵《かえ》ろうとして卵の殻を内側からつつくとき、親鳥が外側からくちばしでつついてそれを助ける。つまり機を得て両者が相通《あいつう》じること」

「ふーん、おもしろい言葉だね」

「そうだね。たとえば剣道なら、弟子が強くなる機が熟したとき、師範が手を差し伸べるタイミングを間違わなければ、必ず弟子は一段階飛躍する。だから、どちらも一方的な思いだけではダメなんだよ。それを白川先生は感じておられるからこそ、生徒たちに宿題を出したのだろう」

おじいちゃんの言うことは難しいところもあったが、白川先生の剣道上達への情熱と、部員のやる気が嚙みあわなければ強くなれない、ということはわかった。

「なんかわかるような気がする」

とわたしが言うと、おじいちゃんは、

「ご飯を食べたら、おじいちゃんの部屋においで」

と言った。

「何かあるの？」

「本を一冊あげよう。もう芙蓉も、読んで意味くらいとれるに違いない」

おじいちゃんはちょっとほほえみながら答えた。

言われたとおり、夕食後に二階の和室に行くと、おじいちゃんは和服に着替えて座敷中央の丸い大きな卓袱台《ちゃぶだい》に座り、くつろいでいた。わたしの顔を見たおじいちゃんは立ちあがり、隣の部屋に入っていった。

すぐにおじいちゃんは一冊の本を手にして戻ってきた。

「こういう本を読むと、剣道の本質ばかりか、日本人とは何かまでわかるもんだよ」

目の前に差し出された本の表紙には『武士道』（新渡戸稲造著）とあった。わたしは少し身構えてしまった。「難しそう」と。

パラリとページをめくると、まずはじめにこんなことが書いてある。


武士道は、日本を表徴する桜の花と同じように、日本の国土に咲く固有の華《はな》である。

それはひからびた古代道徳の標本として、わが国の歴史の中に保存されているわけではない。いまなお力と美を兼ね備えた対象として、私たちの心の中に生き続けている。

武士道は明確な形態はもたないが、道徳的な雰囲気の薫《かお》りをまわりに漂《ただよ》わせ、私たちがいまなお、その強い影響を受けていることに気づかせてくれる。

いったいこれはなんだ。呆然《ぼうぜん》として本を眺めていると、そばにいたおじいちゃんの目が笑っている。こういう本を読んだほうがいいの、と問いかけるわたしの目を見て、おじいちゃんはきっぱりした口調で説明してくれた。

「芙蓉ね、これは明治三十二年（一八九九年）に英語で書かれて、欧米でベストセラーになった本なんだよ。日本人の精神や高い道徳性を外国の人にも知ってもらいたいと、教育者の新渡戸稲造が書いたんだ。それから一〇〇年以上も経っているが、武士道の精神は地下水脈のように日本人の心の中に生きている。日本人なら意識するしないにかかわらず、血肉になっている」

「でも、わたしが読んでわかるかなぁ」

「わからないところは、おじいちゃんが教えてあげるよ。その昔は寺子屋で七つ八つの子が、四書五経《ししょごきょう》なんていういまの大人にも難しい本を学んでいたんだから、それに比べればどうということはないよ」

「なぜいま、わたしがこれを読んだらいいって思ったの？」

わたしがさらに聞くと、おじいちゃんは面倒がらずに話してくれた。

「芙蓉は剣道部の部長だからね。小なりといえども、人の上に立たなければならないこともある。ヨーロッパには〝ノブレス・オブリージュ〟という騎士道の精神がある。エリートの精神といってもいい。これは、〝高貴な者に伴う義務〟ということだ」

「うーん……どういうこと？」

「まあ、〝人の上に立つ人の義務〟といってもいいかな。新渡戸稲造は、ひとことで言うと、武士道もこの騎士道の精神と同じと書いている。武士道はなにも主君、殿様に対する忠義だけを大事にする精神ではないんだ。むしろ、〝人として恥じない道を求める精神〟といったほうがいいかもしれない。だから、おじいちゃんは春雄《はるお》にも、中学生になった頃『武士道』を読ませたんだよ」

そうだったのか。春雄というのは、わたしのお父さんのことだ。お父さんは口癖のように人に迷惑をかけるな、プライドをもちなさい、嘘をつくな、弱いものを助けなさい、などと言うが、そのエッセンスは『武士道』に詰まっているのかもしれない。

それなら読んでみるのも悪くないと思った。『枕草子《まくらのそうし》』や『徒然草《つれづれぐさ》』も勉強したんだし、やってやれないことはないだろう。

じゃあ武士道とは何か、もう少し読んでみると、こんなことが書いてあった。

武士道とは、このように武士の道徳的な原理の掟《おきて》であり、武士はこれを守ることを要求され、もしくは教えられたものである。

それは成文法ではない。せいぜい口伝《くでん》で受け継がれたものか、著名な武士や学者の筆から生まれた、いくつかの格言によって成り立っている。

むしろ、それは語られもせず、書かれもしない掟であって、それだけに実行を強く促す力があり、武士の心に刻み込まれた掟なのである。

「この成文法って何？」

「それは文書の形にして書かれている法律のことだよ」

「ふーん……ということは、武士道は法律とかじゃないんだ。つまり、江戸時代の武士の考え方や行動が積み重なって、武士道というものになったってことか」

「よくわかるじゃないか。芙蓉は大したもんだ。いまの日本人だって、いちいち法律を読んで生活しているわけではないだろう？　普段の生活や仕事のなかで、していいことと悪いことを無意識に選《よ》りわけている。武士道も、武士として生きるなかで積み重ねてきた道徳であり、行動原理なんだ」

おじいちゃんはすごくうれしそうな顔をして褒めてくれた。

「まぁ、ゆっくり読んでいきなさい。おじいちゃんはもう一冊同じ本を買うとしよう」

おじいちゃんからもらった本を、パラパラとめくってみる。なんだか武士道にすごく興味が湧いてきた。これから、毎日少しずつ読んでいくことにした。

週が変わった月曜日、白川先生は稽古後、部員を集めた。

「今日はみんな、気合の入った稽古だった。先週の課題は考えてきたか。それじゃあ聞かせてもらおうか」

みんなは正座して、前に座っている先生の顔をじっと見た。何人かの生徒が先生から指名され、それぞれ考えてきたことを話した。白川先生が女子の有望格と期待している二年生、横田《よこた》友里《ゆり》が言った。

「剣道が強くなるにはどうしたらいいか。ひとつは動機づけです。なぜ強くなりたいのか。剣道も試合は勝負ですから、負ければ悔しい、勝てばうれしい。でもこれは相手も同じです。だからといってがむしゃらに竹刀を振りまわせばいいというものでもありません。いいライバルと技を磨けば上達しますが、自分本位では成長が止まってしまいます。

これは団体戦でも、五人それぞれが自分の役割をよく自覚しなければ勝ち抜けないのと同じです」

「うん、それでもうひとつはなんだ？」

白川先生は、剣道をするために生まれてきたのではないかと思うほど背が高く、手足の長い友里の切れ長な目を見つめながら、話の続きをうながした。

「はじめて自転車に乗るための練習をした日のことを思い出したんです。最初は何度も転んで、ひざやひじをすりむきながら、乗れるまでトライしました。でもいったん乗れるようになると、そんなときがあったこともすっかり忘れてしまいます。

つまり、始めてしばらくすると、最初の一生懸命さを忘れてしまう気がするんです。剣道でも、そんなことがあるのではないでしょうか。だから慣れてくると、あまり上達しなくなってくるのではないかと」

話しているうちに、もともと色白な友里の顔が赤く上気してくるのがはっきりわかった。白川先生はずっと腕組みをしていたが、その腕をほどきながらうなずいていた。

「そう、すべてにおいて初心忘るべからずだ。ちょっとうまくなってくると慢心が頭をもたげてくるのが人間だ。するとそこで上達はストップしてしまう。……ほかに意見は？　なければ、最後に前田、どうかな？」

とうとうわたしが指名された。先週宿題を出されてから考えていることはあったが、どうも自信がなかった。今日は二七名の部員全員がそろっている。誰もがわたしのことを注目している。

「友里の意見も含めて、いろいろ参考になりました。わたしも部長になってから、それまで以上に稽古に力を入れてきました。でも先生のおっしゃるとおり、いまのうちの剣道部には、何かがたりない気がします。

だから、うちの祖父に相談してみたんです。祖父は剣道経験者なので……そうしたら、『教える人と教わる者の機が熟したときに一段階飛躍する』と言われました。これを啐啄の機というそうです。いま、うちの部はそういう状況なんじゃないか、と」

白川先生はまた腕組みしながら、

「啐啄の機か、なるほど」

と大きくうなずいた。

「それで、白川先生のおっしゃるような剣道上達法を考えたのですが、わたしは、目的をもってこれまで以上に稽古に励むしかないと思いました。でも、これでは当たり前すぎますよね」

するど白川先生は、目に力を込めて部員みんなの顔を見た。

「ダメということはないが……でも、稽古はこれまでもみんな一生懸命にやってきたよな！」

「ハイ、そうです！」

部員全員が先生に同意して答えた。

そう、そうなのだ。それではいままでと変わらない。わたしはここで覚悟を決めた。笑われてもバカにされてもいいと。

「えーと、先生、どんな提案をしてもいいですか」

「かまわないよ、なんでも話してみなさい」

「では、ふたつ提案します。ひとつはこの格技場の入り口に脱いである剣道部員の靴やうわばきがいつもグチャグチャ、バラバラで見苦しいので、きちんと整理したいです。

剣道は〝礼に始まって礼に終わる〟と教わりました。ただ相手をやっつければいい、というような行動じゃなく、自分をコントロールすることを、礼儀作法を重んじることで身につけるよう、習いました。

でも靴の脱ぎ方を見ると、いまのわたしたちはすごく自分勝手で、礼が見られないな、と思ったんです。これでは、精神を集中して稽古することもできないんじゃないかと思います」

「あともうひとつは、剣道上達法とはズレるかもしれないんですが……わたしは小学校の頃、すごく泣き虫だったんですが、剣道を始めてからそれがなくなりました。体や心が鍛えられたのかわかりませんが、剣道のおかげだと思っているんです。だから、剣道に恩返しがしたいと思いました。

格技場のトイレはいつも汚れています。だから稽古が終わったら一五分くらい、みんなでトイレ掃除をしたらどうでしょうか。きれいなトイレは気分がいいし、学校にも喜ばれます。それに、誰もが嫌がることをやるのは精神鍛錬になります」

こう話してひと息つくと、

「ウェー」

「剣道と関係ないじゃん」

「前田ひとりでやれよ」

　などと男子の声が聞こえてきた。男子も女子も、笑い半分、迷惑顔が半分だった。あ、やっぱりダメか、とうつむいたとき、これまで見たことのないような先生のうれしそうな顔が見えた。

「前田、先生はそういう声を待っていた。先生も剣道部を強くしたいと思って、強豪校の稽古をよく見に行っているんだが、うちの学校と稽古の質も量もそう変わらない。朝稽古もしているし、部員の能力差もない。でもうちは強くなれない。なぜだろう？

　先生は気構えの差だと思った。昔の武士は〝常在戦場〟といって、いつでも戦いの場にある気持ちで日常を過ごした。

　ではその精神、気構えをどうしたら養えるかと先生も考えた。

　だが先生が前田のようなことを言えば、君たちは押しつけと受け取るだろう。だから誰か前田のようなことを言ってくれないかと期待していたんだ。先生も前田の提案に賛成だ。トイレ掃除もするぞ。どうだ、みんなは」

　部員で反対する者はいなかった。先生がやると言っているのにやらないとは言えない。お調子者の中村京香がわたしの耳元でささやいた。

「芙蓉はすごいこと考えたね。ウチもやるかんね。でもトイレ掃除、今日はやらんよね」

帰宅後、わたしは塾へ行き、帰ってからひとり遅い夕食をすませて、おじいちゃんの部屋に行った。そこで今日あった剣道部の話をしてみた。するとおじいちゃんはすごく褒めてくれた。

「腐ったりんごを箱の中でそのまま放置しておけば、まわりのりんごもすぐ傷む。『武士道』にはエマソンの言葉を引いて〝たったひとりの賢人が仲間にいればよい。そうすれば全員が賢くなる。伝染力というものはかくも急速である〟と武士道の徳目を称《たた》えているんだ。芙蓉はみんなながなかなかできない提案をした。えらいぞ」

「でもけっこう勇気が必要だったんだ。笑われたらどうしよう。自分ひとりいい格好してとか言われたらどうしよう、なんて」

するとおじいちゃんは自分の持っている『武士道』の本を持ち出してきた。そしてわたしの顔を見ながらこんな話をしてくれた。おじいちゃんの商社員時代の話だった。

「勇気というのは、物事の理非・善悪をわきまえていれば出てくるもんだよ。だから他人の顔色を見て迷ってはいけないね。おじいちゃんも商社に勤めていた頃、機械の輸出で新興国や発展途上国を相手にビジネスをしていると、よくお役人や企業のえらい人に賄賂《わいろ》を要求されたもんだ。

でも、おじいちゃんは決してそんな商売はしなかったもんだ。それで取引がうまくいかなかったことがあったが、それは仕方がない。一回でも賄賂を渡すと商社マンとしてのプライドがズタズタになるし、次からはラクだからと賄賂を渡す仕事をしてしまうからね」

「ふーん、そんなもんなんだ?」

おじいちゃんは『武士道』のあるページを指した。

封建《ほうけん》時代の末期になると、太平《たいへい》の世が長く続いたために、武士階級の生活にも余裕が生じ、それに伴い、あらゆる遊興《ゆうきょう》や芸事のたしなみが生まれた。だがそんな時代でさえ、「義士」という呼び名は、学問や芸術を極めた人物を意味するいかなる名称よりもすぐれたものと考えられた。

わが国の大衆教育でよく取り上げられる四十七人の忠臣(赤穂浪士《あこうろうし》)は、俗に「四十七人の義士」として知られている。

陰謀が軍事的な策略として、また真っ赤な嘘が戦略としてまかり通っていた時代に、この率直で正直で、男らしい徳は、最高に光り輝く宝石であり、日本人が最も高く称賛する対象だったのである。

義と勇は双生児《そうせいじ》ともいうべき関係にあり、共に武士の徳とされた。

「なんで赤穂浪士の話が出てくるの？　ちょっとわかりにくい……」

わたしがつぶやくと、おじいちゃんは優しく答えてくれた。

「それはね、『四十七人の義士』とあるが、この義士の義という意味を説明するためだよ。ちょっと堅苦しい言い方になるけど、〝義〟というのは、自分の身の処し方を道理に従って決断する力のことをいうんだ。

芙蓉のトイレ掃除の提案にしても、これをいざやるとなれば自分もつらいし、まわりも楽しい話ではない。だけど精神鍛錬と剣道上達の方法として理にかなっていると思えば、誰も言わなくても自分だけでも言わざるを得ない。それが義の本質なんだ」

「ふーん、そうなんだ」

「この文章のすぐあとにも〝勇気は、義のために行われるものでなければ、徳の中に数えられる価値はないとされた〟とある。義を行うには勇気が必要なことが多いからね」

おじいちゃんの言うことは、今日のわたしの行動をうまく説明してくれている気がした。

わたしはおじいちゃんにもうひとつ疑問をぶつけてみた。たぶん誰でも考えることだと思う。

「おじいちゃん、ビジネスは利益を上げることがいちばん重視されるでしょ。賄賂を贈っておじいちゃんに勝った人のほうが出世したんじゃない？」

おじいちゃんは昔を思い出すような遠いまなざしをして、答えてくれた。

「そうだな、そんなケースもあったかもしれない。利益さえ上げてくれれば多少のことは会社も目をつぶるからね。でもおじいちゃんは会社の奴隷ではないからね。それに、当時は世界を相手に、会社の信用をバックにしてビジネスをしていたから、長い目で見て会社の信用を失うようなことはしたくなかった。

それと、おじいちゃんも日本人として、サムライの血が流れているんだと思う。賄賂を贈れば相手は喜ぶよ。でも同時にバカな日本人とも思うはずだ。そういうことには耐えられなかったんだ。だから、そういうまわりの人の思惑に流されず、自分が正しいと思ったことをしなくちゃいけないんだ」

おじいちゃんはシルバーグレーの髪をかきあげながら話す癖があったが、それが年寄り臭くなくて格好よかった。

いつの間にかおばあちゃんもいっしょに話を聞いていた。おばあちゃんはお茶を飲みながら、

「芙蓉ちゃんもおじいちゃんとこんな話をするようになったんだねえ」

と不思議そうに、でもうれしそうにしていた。

第3章　いっときの感情を押し殺す忍耐も、勇気のひとつ

トイレ掃除の件は、白川先生が校長先生に話を通してくれた結果、許可が出た。校長先生はわたしたちの発案を聞いて、喜ぶより心配したという。誰もが嫌がるトイレ掃除を、「学校側が働きかけて拒否できない生徒にやらせている」と保護者に受け止められはしないか。校長先生は保護者のクレームを何より恐れているのだ。

トイレ掃除は男女五人ずつで毎日当番制にした。はじめてのトイレ掃除の日、わたしたちはゴム手袋をして、便器を磨き上げ、タイルの床に水を流し、洗面台もきれいにしていった。女子はあまり無駄口を叩かないでやっているが、うるさいのは男子だった。

「クッセー」

「なんでこんなところにウンチが引っかかっているんだ。○○お前か！」

などと大騒ぎしながらやっているのが、隣の女子トイレまで聞こえてくる。

白川先生もよほどの用事がない限り、男子といっしょにやることになった。そんな意味では、男子のほうがサボれない。

とにかく一五分ほどでやることになっていたので、わき目も振らずやるしかない。数日やってみて、人が嫌がることでも毎日工夫しながらやっていると、案外楽しいものだと気づいた。それだけでも驚きだった。そのうち、ほかの運動部員のなかにも自発的に手伝う人が出てきた。

二週間経った頃、校長先生が朝礼で、わたしたちのトイレ掃除を取り上げて褒めてくれた。白川先生は、

「校長先生に褒められるためにやっているわけじゃないが、褒められるとうれしいよな。これからも頑張ってやっていこう」

と部員を励ました。

しかし、トイレ掃除にまつわる事件が起こった。ある日の休み時間に教室で、三年男子部員の山中大輔《やまなかだいすけ》が、普段からそりの合わないクラスメイトの唐沢《からさわ》に、みんなの前でからまれたのだ。

「お前、このごろクッセーんだよ。便所のにおいだぞ。たまには制服くらい洗濯しろや」

唐沢は自分の鼻をつまみながら何度もバカにしたらしい。白川先生からは、

「剣道部員の暴力やけんかは絶対禁止」

と言われているので、山中も最初は相手にしなかったが、

「剣道なんかやってたって棒がなけりゃなんにもできねえだろ。バーカ」

と言われてキレてしまった。

「オリャーッ」

という気合を入れて山中が思いきりローキックで唐沢の脛《すね》を蹴り上げたら、見事に決まった。唐沢は、すっかり戦意喪失して立てなくなってしまった。クラスメイトが唐沢を抱えて保健室に連れていったので、白川先生の知るところとなった。当然、山中は先生から大目玉を食らった。

唐沢の打撲は幸い大したことではなかったようだが、ふたりの家には担任から連絡が行った。校長先生も朝礼で取り上げ、生徒全員に注意をうながすなど、ちょっとした事件になった。

山中はその日の稽古は休んだが、翌日の稽古には出てきたので、稽古終了後、白川先生は部員全員にひとこと注意をした。

「ちょうどいい機会だから改めて言っておきたい。うちの剣道部員は、他人の模範にならなければいけない。いくら元気があっても、昨日のようなことはいけないぞ、なあ山中。なぜなら剣道は心・技・体のどれひとつ欠けても強くなれないし、心・技・体を向上させるのが目的だから。山中は、なお一層これから稽古に励まなければいけない」

「はい」

白川先生は大きな声を出さず、諭すように話した。山中は返事をしたあと、右手を上げて先生に発言を求めた。

「でも、先生。みんなの前で鼻をつまんでクサイクサイと言われ、そのうえトイレ掃除を一生懸命している剣道部までけなされている気がしたんです。また同じように言ってくるやつがいたら、どうしたらいいですか」

するとと白川先生は今度はちょっと怖い顔になった。

「山中、おまえ、トイレ掃除をイヤイヤやっていないか？　トイレ掃除をしたからといって、におうはずはない。だからそんな言いがかりをつけるやつは無視すればいい。

でも、クラスメイトの前で何度も言われれば、腹は立つよな。まして剣道部全体の名誉を傷つけられたと考えれば、なおさらだ。それで唐沢を蹴飛ばしてしまった。腹の中でざまあみろと思うし、少しは留飲も下がっただろう。

しかし、それではなんのためにみんなは毎日毎日稽古をして、トイレ掃除してきたのか？　自分の精神鍛錬のためじゃないのか？　人の役に立ちたいからじゃないのか？　そう考えたら、気に食わないやつがいるからといって、やっつけてしまえなんて考えは出ないぞ」

「はあ、理屈はそうですが」

いつもは白川先生に言葉を返したことのない山中だが、もぞもぞつぶやく様子はまだ納得していないようだ。すると先生はさらに表情を引きしめて、こう言った。

「理屈じゃないぞ。今回は唐沢の打撲が大したことでなかったからよかったけれども、もし打ちどころが悪くて、死んでしまったらどうする？

そんなつもりじゃありませんでしたとか、相手が挑発してきたから自分は悪くないと言っても、通らんぞ。そんなことになったら、まったく割に合わないじゃないか。

そんなことで正義を主張しても、誰も耳を貸さない。今回、山中のやったことは〝蛮勇《ばんゆう》〟とか〝匹夫《ひっぷ》の勇〟というものだ。今度誰かにからかわれたら、勝手に言わせておいて、黙ってその場を去りなさい」

山中は納得したのだろうか。このとき白川先生の話を聞いているうちに、少し前に読んだ『武士道』の一節がありありと浮かんできた。それは武士道における、勇気について述べている箇所だ。

勇気は義のために行われるものでなければ、徳の中に数えられる価値はほとんどない。

山中の行為を、白川先生は〝蛮勇〟〝匹夫の勇〟と言った。正義を実現するための行いではないからそう言ったに違いない。〝匹夫の勇〟を辞書で引いたら「思慮分別《しりょふんべつ》がなく、ただ血気にはやる勇気」とあった。

たぶん〝蛮勇〟も同じ意味だろう。見境もなくむやみに竹刀を振るって、パッと相手につけこまれることは、剣道の試合でよく経験する。これは真剣勝負なら死を意味する。

武士道では、そうではなく、死に値しないもののために死ぬことは「犬死《いぬじに》」と呼ばれた。

「命を軽んじる血気《けっき》の勇《ゆう》は、盗賊にもあるものだ。生きるべきときに生き、死ぬべきときに死ぬことこそ、真の勇気である」と水戸義公（水戸光圀《みつくに》）は言った。が、義公がその名前すら聞いたはずはなかったプラトンも、勇気とは「恐れるべきものと、恐れるべきでないものを区別すること」だと定義している。

「サムライのサムライたる所以《ゆえん》は、その場所から退《しりぞ》いても本分を尽くしたと言えることにもある」

とおじいちゃんが教えてくれた。けんかを避けることは決して弱虫とはいわないようだ。山中もこの『武士道』の一節を読めば、きっと何かを感じるのではないだろうか。

また、おじいちゃんは、

「義を見てせざるは勇なきなりとか、名をこそ惜しめ、とよく言うけれど、『武士道』を読むと本当にそれが実感できるね」

と言って、次の言葉も教えてくれた。


ニーチェが「汝の敵を誇りとすべし、しからば敵の成功はまた汝の成功なり」と述べた言葉は、サムライの心情を雄弁に物語っている。

実際に勇気と名誉は、平時に友とする価値のある者だけを、戦場の敵とすべきことを求めている。勇気がこの高みに到達するときには、それは「仁」に近づく。


「そんなことがあるだろうかと思うかもしれないけれど、本当にあると『武士道』に例が出ている。上杉謙信《うえすぎけんしん》は武田信玄《たけだしんげん》と、一四年間も戦っていた。そんなあるとき、北条氏が信玄の勢力を弱めようと塩の供給を断《た》ったんだ。すると謙信は『我、公と争う所は弓箭《ゆみや》にありて米塩にあらず』と言って、塩を送ったという故事がある。

意味がわかるかな？　謙信と信玄は一四年ものライバルだけど、あくまでも戦のうえでライバルだったのであって、それ以外では争わず、むしろ相手の危機には手を差し伸べたんだ。敵ではあっても、お互いに敬意をもっていたんだね」

わたしには想像もつかない話だけれど、まったくわからない話でもなかった。剣道の試合でも、いい試合をすると、相手を称《たた》えたくなることはよくある。こういうライバルなら、たしかに試合以外では友だちにもなれそうな気がする。

でも、生きるか死ぬかの戦で相手に敬意をもつということができるのは、武士だからなのだろうか。まだその辺はわたしにはピンとこないところもあるが、心に留めておこうと思った。

第4章　人と向き合うときは、愛・思いやりを忘れずに

このごろ、一年女子部員四人が仲良くしているのはいいのだけれど、どうも陰で三年生の丸山紗枝と中村京香の悪口をさかんに言っているらしい。入部して二ヵ月が経って、部活にも慣れて気が緩《ゆる》んでいるのかもしれない。

一年生の女子四人はみな小学校から剣道を始めていて、白川先生の指導に対しても飲みこみがいい。四人が三年生になったときには、横手中学剣道部女子の飛躍は間違いない。四人にもそれがわかっている。

なかでも青田理奈《あおたりな》は俊敏で体格も剣筋《けんすじ》もよく、一年生にもかかわらずみんなから一目置かれている。どうやらその理奈が先頭に立って、先輩である三年生ふたりの批判をしているらしい。

「丸山先輩は美人だから白川先生にひいきしてもらっている。実力はせいぜい団体戦

で二番手の次鋒くらいなのに、四番手の副将をしている。これっておかしくない？」

「中村先輩は掛かり稽古ではいつだって手打ちになっている。だから手足はバラバラで、あれじゃ何年やっても見込みはないよね」

「ああいう先輩がいるから横手中はいつまで経っても強くなれないんだって。なんかやる気なくなるわ」

ほかの三人、河合江美《かわいえみ》、渋沢舞《しぶさわまい》、胡桃沢綾乃《くるみざわあやの》も同調して、ふたりの欠点をあげつらっているようだ。

なぜわたしがこんなことを知っているかというと、二年生の横田友里が白川先生から新人四人の面倒を見るように言われていて、四人も友里だけには気を許してそんな話をしたという。

友里から話を聞いたわたしは、これをすぐに白川先生に告げる前に、自分なりに解決したいと考えた。先生からガツンと言ってもらうことは簡単だが、それでは部内にしこりが残ってしまう。告げ口をしたとして、友里やわたしを逆恨《さかうら》みする一年生が出てくるかもしれない。そんなことで内部分裂することは避けたい。

わたしが一年生のときは、三年生の先輩が怖く、悪口を言うなんて考えてもみなかった。それに、いつもお父さんから、人の悪口や陰口を言ってはいけないと諭されてもいた。

「芙蓉、人の悪口を言えば必ずおまえも人から悪口を言われるようになる。逆に人間は、誰であれ相手に好意をもつと、相手も好意を返してくれる。これはよく覚えておきなさい」

わたしもなるほどと思ったので、この話は印象に残っていた。そのときお父さんはこんな話もしてくれた。

「お父さんも会社員だから、大きな仕事をするときはチームを組んでやるし、会社では中間管理職だから部下もいる。スムーズに仕事を進めるには、リーダーとして多くの人を動かさなければならないときがある。そんなとき地位や肩書で人を動かそうとすると失敗する。『あれやれ』『これやれ』では人は動かないんだ。

会社のため、部下のためにも、一生懸命みんなといっしょに汗をかこうという気持ちで動くと、みんなも同じ気持ちになってくれるんだ」

そういえば、なんとなくお母さんが怖い顔をしているときがある。それはどうも、お父さんが大事な仕事で神経がピリピリしているのが、お母さんに伝わっているからのようだ。これも、お母さんがお父さんといっしょに頑張ろうとしている、ということなのだろうか。

またつい最近、夕食のときにお父さんがお母さんにこんなことを話していた。

「輸出課の冬木《ふゆき》課長がとうとう入院してしまったよ。全社的プロジェクトで張り切ったのはいいんだが、部下がついてこなかったんだ。どうも少々仕事の進め方が強引だったようで、反発する部下もいて、まとまりを欠いてしまったんだ。その結果、責任者の立場から降ろされてウツになってしまった」

「あら、かわいそうね。でもそうしなければ、部下の人、ついてこなかったんでしょう？」

とお母さんが同情すると、お父さんは、

「たとえ相手が上司でも、気に食わなければ仕事をするふりをしてうまくサボる部下もいるからなあ。面従腹背《めんじゅうふくはい》だよ、困ったもんだ」

と嘆いていた。

そんなお父さんの話を思いかえすと、一年生部員との話し合いのヒントがあるような気がした。今日もお父さんは仕事で遅いので、晩ご飯を食べて宿題を終えたら、おじいちゃんに話を聞いてみようと思った。

夜も遅くなったが、おじいちゃんの部屋に行ってみると、おじいちゃんはおばあちゃんとふたりで丸い大きな卓袱台を囲んで座っていた。

「おじいちゃん、一年生の女子部員がね、四人そろって三年生の紗枝と京香の悪口を言うの。どうしたら先輩の悪口を言わないようにできるのかなって考えてるんだけど……それをおじいちゃんに聞きたいと思って」

わたしの悩みをおじいちゃんは黙って聞いていたが、すぐにはその答えを言わなかった。

「芙蓉、『武士道』は少しずつでも読んでいるかい」

「うん、でもここんとこ忙しくて、それほど進んでない」

おじいちゃんは卓袱台の上に置いてあった『武士道』に手を伸ばし、ページをめくりながら言った。

「それは〝仁《じん》〟が肝心だ」

「え？　ジンガカンジン？」

「そうだ。漢字ではニンベンに漢字の二。仁、だよ」

「そのジンって、どんな意味？」

「ま、ひとことで言うと愛かな。つまり他者への愛、いたわり、同情、慈《いつく》しみ、赦《ゆる》し、そんな意味をすべて含む言葉が仁だろうね」

「はぁ、一年生と話し合うとき、そんな気持ちが大切なの？」

わたしはこれまで人と話し合うとき、そういう気持ちを意識したことは一四歳の今日まで一度もなかった。おじいちゃんはおだやかな口調で、こんなことを言ってくれた。

「一年生は、芙蓉が部長の肩書で何か言うと、反発するだろうね。でも、なぜ入部二ヵ月の一年生が先輩の悪口を言うのか。稽古がきついのだろうか。義務的で楽しくないのだろうか。先輩がもう少し自分たちのことをかまってくれたら、と思っているのかもしれない。あるいはほかの理由があるかもしれない。だから芙蓉は一年生の立場に立って、その子たちの不満を聞いてあげることが大事だ」

「つまり、できるだけ親身になって、一年生の話を聞けばいいんだね」

「そうだよ。上から目線ではなくね。縁があっていっしょに剣道を学ぶ仲間なのだから、不満があるなら先輩が知恵を貸して、いい方向へ導いてやらなければいけない」

「うまくできるかな……」

わたしはだんだん不安になってきた。わたしが対応を間違えると、女子部員の多くが不満を抱くかもしれない。

不安が顔に出たのだろうか、おじいちゃんはほほえみながらわたしの肩に手をかけた。

「何も不安がることはない。あなたたちの思っていることを聞きたい、という気持ちさえあれば、一年生には通じるよ。ほんとは一年生も芙蓉や白川先生と話し合う機会を待っていたのかもしれない。悪口はそういう気持ちのサインかもしれない」

「わかった。できるだけ早く一年生と話してみる」

「それがいい」

おじいちゃんはそのとき『武士道』のなかの四ヵ所にラインを引いた。

愛、寛容、他者への情愛、同情、憐憫《れんびん》は、昔から至高の徳とされ、人間の魂が持つあらゆる特質の中で、もっとも気高きものとして認められてきた。

仁は、優しく柔和《にゅうわ》で、母の心のような徳である。高潔な義と厳格な正義が男性的であるとするなら、仁愛《じんあい》は女性的な優しさと説得力を持つ。しかし正義や公正さを持つことなく、みだりに愛に溺《おぼ》れることは戒《いまし》めなければならない。伊達政宗《だてまさむね》が言ったという、「義に過ぎれば固くなる。仁に過ぎれば弱くなる」という、しばしば引用される格言は、このことをよく表している。

「武士の情け」という言葉には、私たちの心の内にある、高貴なるものに訴える美しき響きがあった。武士の仁愛が武士以外の仁愛と、その種類が異なっていたわけではない。

しかし武士の仁愛は、盲目的な衝動にかられるものではなく、常に正義を忘れない仁愛であり、そしてその仁愛は、単に心が一定の状態にとどまっているだけでなく、相手に対する生殺与奪《せいさつよだつ》の力を持つ愛なのである。

か弱き者、劣《おと》れる者、敗れたる者への仁愛は、とくに武士の美徳として

常に賞賛された。

　おじいちゃんの部屋を出て自分の部屋に戻り、おじいちゃんと話したことをもう一度考えてみた。そしてわたしは、塾のない二日後の部活終了後、空き教室で一年生四人とひざ詰めで話し合おうと思った。とりあえず時間を取ってもらおうと四人にメールを送ると、少し気は重かったが、これは自分がやらなければならないことだと覚悟はできた。

　寝るまで何度もくり返し、おじいちゃんが線を引いてくれた文章を読んで、意味を知るように努めた。〝仁〟をサムライの愛と考えればわかりやすいが、中三のわたしには、いまひとつピンとこないところもある。昔の武士はこんなことばかり考えて生きていたのだろうか。わたしだったら疲れてしまうけれど。

　以前、白川先生の先生である岡田《おかだ》範士が練習に来てくれたとき、正しい竹刀の握り方について「右手は鶏卵《けいらん》を握るように、左手は唐傘《からかさ》を握るように（左手は傘を支えるために自然と手の甲がひし形に長く伸びるから）」と一年生の初心者の子たちに教えていた。

鶏卵は強く握りすぎると割れてしまい、弱すぎれば落としてしまう。わかりやすいたとえだなと思っていたが、これは一年生との関係でも同じことが言えるのではないかと、突然ひらめいた。

翌日の晩ご飯を食べたあとに、食器の後片付けを手伝いながら、おじいちゃんからアドバイスを受けたことなどをお母さんに話してみた。

するとお母さんは、

「心構えはおじいちゃんの言うとおりだろうけど、四人をそれぞれ説得しようとすると案外大変よ。お母さんは高校時代バレー部のキャプテンをしていたから経験があるの。そんなときはね、四人のなかでいちばん影響力のある子に的を絞って話すといいよ。その子を説得すれば、あとは問題ない」

とちょっと得意そうな表情で話してくれた。それなら、理奈の話をうまく聞き出せれば、ほかの三人もついてくるかもしれない。とにかく、明日、やってみるしかない。

第5章　どんな相手にも、敬意をもって接する

朝から細く柔らかい雨が降っていた。学校の裏庭のアジサイがしっとりとして一層きれいに見えた。花弁も雨滴をたくわえていきいきしている。

わたしは一年生を待って教室の窓ガラス越しにアジサイを眺めながら、ゆうべ、寝る前に考えたことを整理した。それは、今回の話し合いでは、〝礼〟がポイントになるかも、ということだ。なぜかといえば、理奈たちはいま、先輩への礼を欠いている。そして〝礼に始まり礼に終わる〟剣道で、人をないがしろにすることは絶対にあってはいけないことだ。『武士道』にも〝礼〟についての記述があったので、何度も読んでみた。

礼儀は、仁愛と謙譲という動機から生まれ、他人の感情を気づかう心に

よって動かされる、同情の優雅な表現である。礼儀が求めるものとは、悲しむ人とともに悲しみ、喜ぶ人とともに喜ぶ、ということである。

礼儀の最高の姿は、ほとんど愛に近い。私たちは敬虔《けいけん》な気持ちをもって、「礼は寛容にして人の利をはかる。礼は妬《ねた》まず、自慢せず、高ぶらず、礼を失せず、自己の利益を求めず、軽々しく怒らず、人の悪を思わない」ものであると言える。

少しして、青田理奈を先頭に四人が入ってきた。

「前田先輩、お話ってなんですか？」

「ああ、ごめんね。もう五時半を過ぎたから三〇分くらいですませるからね。こっちに来て、座って」

わたしは窓際の椅子に座っていたので四人を近くに集めて座ってもらった。さっきまでいっしょに稽古をしてトイレ掃除をしていたが、みんなの表情は硬い。何かふつうじゃないことを感じているのだろう。わたしから話さなければいけない。

「五人だけで話すのははじめてなんだけど、今日はわたしになんでも言ってほしいと思ったの。っていうのも、わたしが一年生のときは、けっこう三年生の先輩がきつくて、私生活までチェックされててね、休みにカラオケとかディズニーランドに行ったこととかまで、いろいろ言われたりして。

それで稽古に身が入らなくなったことがあるの。一年生が、部活がきついとか嫌だとかがあったら大変だから、今日は集まってもらったというわけ」

「前田先輩、わたしたちはそんなことはありません。楽しくやってます。ねえ、みんな？」

理奈はみんなの同意を求めて真っ先に発言した。

「それならいいんだけど。みんなは？」

わたしが理奈以外の一年生に発言を求めると、三人は互いの表情をうかがうようなそぶりをした。そのうち沈黙に耐えかねたのか、小柄だが竹刀をいちばん大きく振る河合江美が、

「とくに不満はないです」

とぼそっと言った。これではほかのふたりに聞いても答えは変わらなそうだ。そこ

で話の切り口を変えることにした。面が決まらなければ胴を抜けばいい。

「このなかで、大将をやりたい人はいる？」

「やりたいです」

唐突なわたしの質問にすぐ答えたのは理奈だった。大将というのは、団体戦の五番手、最後までもつれこんだ勝負を決める、大役だ。

「あれ、江美、舞、綾乃はやりたくないの？」

と重ねてわたしが聞くと、三人は、

「できるのだったらやってみたいです」

と、何やら煮え切らない返事をした。

「本当のことを言っていいんだよ。わたしだって、一年生のときからいずれは大将になると思って一生懸命稽古をして、二年生で副将から大将になったときは、すごくうれしかった」

そう言うと、四人の顔がパッと輝いた。

「いまは、理奈だけ『はい』って答えたけど、みんな遠慮することないんだよ。夢をもたなければ強くなれないし」

するとそれまで何も言っていなかった渋沢舞が口を開いた。

「前田先輩、ちょっといいですか」

「なぁに」

「じつはわたし、次鋒でも中堅でもいいんです。団体戦は、五人がひとりでも欠ければ成り立たないから」

「それはそうだね」

舞の言うとおりだ。

「でも、わたしは大将になりたい。勝負の要になって、自分の実力を最高に発揮したい」

理奈が勝ち気な目をして割り込む。わたしはここで勝負をかけなければと思った。

「ふたりとも、すごく頼もしいね！　この四人が力を合わせたら、横手中はすごくなるよ。でも、わたし、心配事があるの」

「はぁ、なんですか」

髪をポニーテールにした胡桃沢綾乃が、怪訝《けげん》そうに聞いてきた。

「わたしはもちろんだけど、白川先生もみんなに期待していることは、知ってるよね？　みんなが三年生になったら、どんなに強くなるか。ひょっとしたら全国大会出場も夢ではないかもって、思ってる。でも、三年生になったら劇的に何かが変わるってことはないよね。やっぱり、今日明日と稽古を重ねて、一歩一歩の努力が積み上がった先の三年生だと思うの。

それでね、そうやって積み重ねていくには、チームの和が必要だと思うんだ。三年生から一年生までピーンと背骨が通っていないと、団体戦で勝つことはできない」

わたしは、じっと理奈の目を見ながら話した。黙ってわたしの話を聞いていた理奈は、明らかに「オヤッ」という表情に変わった。もうわたしの言いたいことに気づいたのかな。もうひと押しだ。

「わたしなりに、女子チームに決定的にたりないものを考えてみたの。理奈、なんだと思う？」

いきなり聞かれて戸惑った様子で、理奈は答えた。

「えーと、団結力、ですかね？」

「そう、当たり！」

「はあ……」

「どうしたら今後もっと強くできる？」

「それは前田先輩が引っ張って……」

「それは違う。そういう他人任せはよくないんじゃない？　第一、わたしだってあと数ヵ月で引退していなくなるんだから。

　わたしが考えたのはね、横手中女子部には〝礼〟の実践が欠けてるんじゃないか、ってこと」

「え、レイってなんですか」

「え？　剣道やってるんだから、〝礼〟はわかるでしょ？」

「はぁ、剣道の礼なら知ってますけど」

「その礼のことだよ。その〝礼〟の意味を聞いているの」

「礼って挨拶みたいなもんですよね。始めと終わりにやる」

「うーん……それはちょっと違うんじゃないかな」

　わたしは、前日に読んだ『武士道』の〝礼〟の言葉の一部を思い出していた。

「剣道って、自分ひとりではできないでしょ？　わたしは、〝礼〟って、相手になってくれる人への感謝の念だと思うの。悲しんでいる人とともに悲しみ、喜ぶ人とともに喜ぶ、ということ。自分の心と技を高めてくれる相手をありがたく思う気持ちがないと、剣道は成り立たない。白川先生も岡田範士もそうおっしゃってたでしょう？　だから、わたしたちは先輩、後輩も大事にしないといけないの」

そう、以前岡田範士が横手中へ稽古をつけに来てくれたとき、範士はわたしたち部員同士の稽古をじっと見ていて、何を思ったか、突然全員を集めたことがあった。わたしのおじいちゃんのようなやさしい口調で、でもきっぱりとこんなことを言った。

「あー、君たちね、漫然と稽古をしてはダメ。稽古相手に感謝の気持ちを忘れてはいかん。それがないと竹刀に魂が乗りうつらん。稽古と思ってはいかん。真剣を使っていると思いなさい。チャンバラごっこは遊びだが、剣道は遊びではないぞ。いい稽古相手は自分を高めてくれる。また、その逆もある。それを忘れると不思議なことに相手も気迫が緩む。

剣道の修行というのは、自分も砥石《といし》、相手も砥石、と思ってやるからこそ技術も磨かれ、精神的にも大きくなって上達していくんだ」

わたしの脳裏に、このときの「稽古相手には感謝の気持ちを忘れてはいけない」という岡田範士の言葉がよみがえった。

理奈はうつむいたまま顔を上げなかった。そして、

「前田先輩は今日、そのことを言いたくてわたしたちを集めたんですね。わたしが丸山先輩、中村先輩のことをあれこれ言っているから」

とボソッと言った。

やはり理奈はカンがいい。カンの鈍い人間で剣道が強い人はいない。わたしは黙っていた。おじいちゃんは何か聞かれてもすぐ答えようとしないことがあった。自分で考えなさいというときだ。理奈に、少し考えてほしかった。

すると突然、理奈はポタッと、涙をこぼした。

「わたし、自分でもわかってて……よくないってこと。でも、中学に入って稽古はきつくなるし、宿題もやらなきゃだし、遊ぶ時間もなくて、疲れちゃって。なんかむしゃくしゃして、つい先輩の悪口とか言っちゃったんです。そしたら、止まらなくなって。

これじゃダメだなって、わかってるんです。先生や範士の話を聞いて、反省もしました。でも、自分ダメだなーって思ったら落ちこんじゃって、で、またむしゃくしゃしたりして。もう、なんのために剣道をしてるんだかわからないって思って……すみ

ません」

　ほかの三人も、ぐすっと鼻をすすった。わたしもなぜだか涙が出てしまって、「うん……うん……」としか言えなくなってしまった。落ち着くまで、しばらくそうやって、みんなで輪になってぐすぐすとしていた。

「しんどかったり、大変だったりとかさ、つらいとか、むかつくとか、そういう気持ち、吐き出していこうよ。わたしも聞くし、四人のなかでも、ほかの部員にでも、ほかの友だちにでも誰でもいいけどさ。そのほうが、悪口とか言って、また自分で落ちこむより、きっといいはずだよ」

　にじむ涙をぬぐいながら話しかけると、四人ともそれぞれうなずいた。みんな、赤い目をして、でもすっきりした顔に見えた。これでもう大丈夫、そんな気がした。

　家でおじいちゃんに今日のことを報告すると、おじいちゃんはシルバーグレーの髪を手でかきあげながら、紙にボールペンで言葉を書いてわたしに見せた。

「剣は心なり、心正しからざれば剣また正しからざる、
剣を学ばんと欲すれば、先《ま》ず心より学ぶべし」

とあった。「島田《しまだ》虎之《とらの》助《すけ》という剣客の言葉だ」とおじいちゃんは教えてくれた。胸に突き刺さった。

第6章　嘘をつかず、誠実である、ということ

六月の半ば、家に帰るとお母さんがダイニングのテーブルの椅子に座ってぼんやりしていた。夕方は夕食の準備でいちばん忙しそうにしているのがふつうなので、不思議だった。わたしの不審そうな顔を見たお母さんは、

「おじいちゃんとおばあちゃんは町内会の老人クラブの旅行で箱根に行っているの。お父さんはまた残業。なのできょうはスーパーでお弁当を四つ買ってきた」

と言う。

そんなことはいままでなかったので、ちょっとびっくりした。できるだけ手作りの料理を出すのがお母さんのモットーだった。弟の櫂は自分の部屋でゲームをしているか勉強をしているかどっちかだ。それにしてもお母さんにいつもの元気がないので、聞いてみることにした。

「お母さん元気ないね。お父さんとけんかしたの？」

お母さんはすごくびっくりした顔をした。鳩が豆鉄砲を食ったようという言葉があるが、そんな感じだった。大恋愛の末に結婚したと、お母さんが機嫌のいいときに話していたから無理もないかもしれない。驚いたお母さんは、軽く笑った。

「芙蓉ったら、何を言うの。そんなんじゃないよ」

そして、少し考えてから、言った。

「あなたももう分別のつく年頃になったから話しておくけど、お父さんの会社、いま大変みたい。社員の一割近くをリストラするようなの。お父さんは対象にはなっていないけど、肩叩きをする役目なので、この頃すごく疲れているみたいでね」

お母さんは「ふう」とため息をついた。

「リストラされる人ってどういう人なの？」

とわたしが聞くと、お母さんはさらに憂鬱《ゆううつ》な顔になった。

「うーん、『五〇歳以上は退職』というように年齢で決めるのなら楽なんだろうけど、会社としては仕事ができる人は残したいし、先行き見込みのない人は切りたいわけ。だから余計、会社内の人間関係がギクシャクしてるみたい」

「ふーん、難しいね」

「みんな、自分は仕事ができると思っているから、肩叩きをする人に『なぜ自分が？』と不満をぶつけるでしょ？　お父さんだって好きでやっているわけじゃないから、余計ストレスがたまるのね」

「でも、会社の方針だから仕方ないんでしょ？」

「そう割り切れれば問題ないけど、それぞれどんな人にも事情はあるでしょ？　だから会社の思惑どおりにはなかなかいかないって」

お父さんの会社にそんなことが起きていたとは、いまのいままで知らなかった。わたしもお母さんの話を聞いているうちに、だんだん心配になってきた。

「お父さんがリストラされる心配はないの？」

「うーん、お父さんは四五歳の働き盛りだし、いまのところは心配ないけど、将来はわからないね。もしそんなことになったら大変。これから芙蓉や櫂の教育費がどんどんかかってくるし。そうならないことを願いつつ、ふたりが家に遠慮して進路を迷ったりしないように、万が一のときのことも考えておかなくっちゃ」

わたしと櫂は年が明けたら、高校と中学の受験が待っている。それも私立学校の。

そういえば最近、クラスメイトの長谷川《はせがわ》のお父さんが大手電機会社をリストラされたと聞いたが、そのときは他人事のような気がしていたけれど、わが家にもそういう話題が出てくるとはびっくりだった。

午後一〇時半頃、お父さんがダイニングにいるようなので顔を出してみると、お母さんがスーパーで買ってきたカツ弁を食べているところだった。

「この頃いつも仕事で遅いね」

と話しかけると、お父さんはニコッとしながら、

「一年生との話し合いはうまくいったようだな」

と逆に返された。

「うん、お母さんがいいことアドバイスしてくれたからね。すごく参考になったの。今回の中心人物っぽい子からまず聞き出すようにしたら、一五分くらいで全部うまくいっちゃった」

お父さんの隣にいたお母さんが「えへん」と言いながら、わたしとお父さんの顔を見た。

「ハハ、お母さんからさっき聞いたよ。お母さんも大したもんだ」

少し大げさに褒めるお父さんも愉快そうだ。

わたしはさっき、お母さんの話を聞いて不安に思ったことを直接お父さんに聞いてみた。するとお父さんは明るく言った。

「それは芙蓉が考えることではないよ。お母さんから会社のことを聞いたんだろうが、まだまだ芙蓉が心配することではない。万が一のことがあったら、お父さんは芙蓉や櫂にも、きちんと説明するつもりだ」

「ああ、よかった。少し安心した」

そう言うと、お父さんはまた声を上げて笑った。

お母さんはついさっきまでの憂鬱そうな表情はどこへ行ったのか、うれしそうにお父さんにお茶を入れていた。

「でもつい最近、クラスの長谷川のお父さんがリストラされたって聞いたから、ちょっと心配になって」

「ハハ、大丈夫」

「ほんと？」

「お父さんは嘘をつかない。武士に二言はない」

とおどけながらお父さんが言うものだから、お母さんまで、

「ちゃんと覚えておきますからね、ご亭主殿」

とふざけていっしょに笑った。

「うちのお父さんは絶対嘘をつかない人なの」

といつだったかお母さんは言っていた。

『武士道』にも武士の重要な徳目として、そんなことが述べられている。


嘘をついたり、言葉を濁したりすることは、ともに卑怯なこととされた。武士は社会的な身分が高いため、商人や農民よりも誠実であることが厳しく求められた。「武士の一言」すなわちサムライの言葉は、ドイツ語の「リッターヴォルト」に当たるが、それだけで、言われた言葉が真実であることが十分に保証された。

真実であることと誠実であることは、それほど重んじられていたので、大多数のキリスト教徒が、彼の主《あるじ》の「誓うことなかれ」という簡潔な教え

を絶えず破っているのとは異なり、真のサムライは、誓うことは自分の名誉を傷つけるものとみなした。

わたしの場合どうだろう。中学生になって、嘘をついた覚えはない。そういえばこの前、歴史の授業で先生がいきなり吉田松陰《よしだしょういん》の驚くような話をした。

幕末、松下村塾《しょうかそんじゅく》の吉田松陰は、小伝馬町《こでんまちょう》の牢獄に捕らえられているときに、聞かれもしない幕府の間部《まなべ》老中暗殺未遂計画をみずから進んで告白し、死罪になってしまったのだという。

先生によると、この告白は尊王攘夷《そんのうじょうい》という大義のために嘘をつくことを潔《いさぎよ》しとしない、吉田松陰の〝誠〟ではないかということだったけれど、

「世の中にはそんな人もいたんだ」

とわたしはただただ驚かされた。自分が、命よりも嘘をつかないことを優先できるかといったら自信はないけれど、それくらいの覚悟をもって誠実でいようとすることは、見習いたいと思う。

そこへ、まだ寝ていなかった櫂が顔を出した。櫂は地元の難関私立中学校入学を目

標としている。

「あさって、土曜の模擬試験にお母さんもいっしょに来るの？」

と燿が聞くと、お母さんはさも当然のように、

「ええ、行くわよ」

と答えた。お父さんはお母さんが燿の受験に入れこみすぎているのを心配している。毎週土日の模擬試験ではいつも燿といっしょだし、燿の成績に一喜一憂しているから、中学受験が終わったときの反動が怖いという。

というのもお父さんの同僚の受験ママが息子の受験が終わった途端、ウツになってしまった。家事一切やる気がなくなり、いつもボーッとしているので精神科を受診させたら、いわゆる「空《から》の巣症候群」と診断された。息子の受験に向けていたエネルギーの行く先がなくなり、気が抜けてしまったのだそうだ。

お母さんは、

「自分だけはそんなことはあり得ない」

とお父さんには言っているらしい。そうだといいのだけど……。でも燿に目を向ける分、わたしの高校受験には手が回らないので、わたしはすごく気が楽だ。

第7章　恥ずかしくない自分でいるために行動する

土曜日は、どの部も部活は午後二時までに終了。四月から校長先生の発案で、横手中はそういう決まりになった。校長先生は部活の生徒にもたまにはのんびりさせてやろうと考えたのだろうか。わたしは部活終了後、クラスメイトの町田《まちだ》美雪《みゆき》の家に遊びに行った。美雪は吹奏楽部に入っていてパートはフルートだ。高価なムラマツの楽器を親に買ってもらって、吹いている。

横手中の部活で、関東に名前をとどろかせているのは吹奏楽部だけ。この五年間で全国中学校吹奏楽コンクールで二度も金賞をとっている。だから部員の数も半端ではない。八〇名を超えているから半分近くがコンクールには出ず、一度もコンクールで演奏することなく卒業していく生徒もけっこういる。

美雪は実力を買われ、一年生のときからコンクールメンバーに入っている。だから昨年の金賞受賞メンバーでもある。金賞受賞演奏会が学校の体育館で開かれた日は、地元選出の議員から教育委員会の先生、保護者をはじめ、たくさんの人が集まって大盛況だった。そんなわけで、美雪の家に遊びに行くと、部活の話になることが多い。

「どうして吹奏楽部は毎年いい成績を挙げられるの？　いつも不思議なんだけど」

わたしは前から思っていたことを聞いてみた。

美雪は部活だけではなく、成績もトップクラス。だから何事も、まどろっこしい言い方はしない。

「そんなのわかりきったことだよ。第一に菊沢《きくざわ》先生の指導が素晴らしい。二番目に、実力のある生徒が多い。周辺の小学校吹奏楽部にいた見どころのある子は横手中に来るの。三番目はメンバー同士で絶えず競争させるシステムがあること」

「へえ、すごいね」

「それだけじゃないよ。親が熱心で、菊沢先生任せにしないで、親ができることはなんでも手伝ってくれるから、生徒も気が抜けないの」

「菊沢先生、生徒、親が熱心だと強くなれるというわけ？」

「うーん、それ以上に、横手中吹奏楽部の伝統、名誉を汚さないように頑張ろうって意識が、部員みんなにあるからだと思う」

わたしはすっかり感心してしまった。立て板に水の美雪の説明もそうだが、全国でもトップクラスの部には、それだけの理由があるのだ。

わたしは美雪が最後に挙げた「横手中吹奏楽部の伝統と名誉」という言葉にちょっと痺《しび》れてしまった。吹奏楽部員がそんなことを意識しているなんて、思いもよらなかった。うーん、剣道部もそうならなければいけないのだろうが、いつになるのだろうか。

「そんなに感心することじゃないよ。わたしが一年生のとき、県大会に出場したんだけど、すごく出来が悪かったことがあったの。学校で反省会をしたんだけど、聴きに来たOBからすごく恥ずかしい出来だったねって叱られて。そしたら菊沢先生もうつむいていたんだけど、ああ、わたしたちは先生に恥をかかせたんだなって思った。みんなもそう思ったらしくて、それから見違えるほど練習も真剣になって、翌年は金賞をとれたんだ」

伝統や名誉を汚さないというのは、口先だけでなくきちんと自覚すれば、そんなエネルギーになるんだ。わたしは吹奏楽部を本当にうらやましく思った。

「でも、いちばんになると気が抜けたりしない？　目標を達成すると、よくそんなことあるっていうじゃん」

「そんなことないよ。そもそも、いちばんになるレベルを維持するって大変だし、それに音楽って、賞をとれたらそりゃうれしいけど、もっと……もっといい音を出したい、いい音楽を鳴らしたいって、やればやるほど思うから。だから、もっと高いレベルを目指そうって気になるよ」

それは剣道も同じだ。勝ったら終わり、じゃなくて、もっときれいに決められたんじゃないか、もっと集中してできたんじゃないか、と反省はいっぱい出る。だからおもしろいし、やりがいがある。

その晩、おじいちゃんの部屋で美雪の話をしてみた。するとおじいちゃんは、何を思ったのか、押し入れから古いアルバムを出して見せてくれた。五五、六年も前の剣道の試合の写真だ。セピア色に変色している。

防具の面をつけているから表情はわからないが、垂れの名札には「前田」とある。おじいちゃんが小手を決めた瞬間が見事に写っていた。

「これがおじいちゃんの生涯最高の一本だ」

おじいちゃんは誇らしそうな顔をした。

関東の大学の選抜試合決勝。大将同士の試合で勝てば優勝だった。おじいちゃんの大学はそれまで一度も優勝していない。相手はそれまで四回も優勝している強豪校。下馬評では圧倒的に相手校が有利だった。おじいちゃんは写真から目を上げると、そのときの状況を話してくれた。

「相手側の大将とはそれまで何度も練習試合をしたが、全然勝てる相手じゃなかった。大学では全国的に名の通っている強豪なんだ。しかし、わたしはどうしても勝ちたかったし、勝たねばならなかった。というのは、ちょうどその年は創立五〇周年で、学長はどうしてもこの試合に勝って、三日後に迫った式典に花を添えたかったらしい。監督は学長からプレッシャーをかけられていたんだ」

「ええ、そうなの？　それは大変だね」

「そのうえ決勝前、相手チームの監督が新聞記者に、悪くとも大将戦の前に決着がつくでしょうと言っていたのが、おじいちゃんの耳に入った。バカにするな、大学の名誉にかけても勝ってやると武者震いしたもんだ」

「なんかすごい試合になりそう。名誉をかけた戦いというわけだ」

にやりと笑っておじいちゃんは話を続けた。

「試合は副将戦まで一対二で負けていたんだ。次鋒の一勝だって相手の場外押し出しと竹刀を落とす反則に助けられた。副将戦も相手はかなり強かった。ところが試合は何があるかわからない。互いに体当たりをくり返すうちに相手の副将が足を滑らせて、かなりひどく左足首を痛めてしまった。いくらなんでも、棄権してもおかしくないほど足を大きく引きずる相手に負けるわけはない。なんと二対二の大将戦決着となった」

「えー、そんなことってあるんだ……！」

わたしは心臓がドキドキしてきた。

「相手の監督はさぞびっくりしただろうね。どんなに悪くても大将戦前に三対一で勝ちと踏んでいただろうから。ちらっと相手監督の顔を見たら、それでも平静を装っていた。大将同士の決戦なら、負けるはずはないと思っていたのだろう。

おじいちゃんは気合が入ったね。しかし、それが気負いにつながったのか、試合開始二分くらいで相手の面を打とうと動く瞬間、竹刀をはねあげられて、払い面を決められてしまった。もう絶体絶命だ。ところがそのとき、勝ってやろう、決めてやろうという気持ちがすっと消えたんだ。あと三分はある。

相手はもうすっかり勝った気持ちだったんだろう。そこに隙ができた。鍔迫《つばぜ》り合いをしながら離れた瞬間、相手の中段の剣先を上から押さえ、手元が上がった一瞬の隙をついて竹刀を振り上げ、踏み足のまま右胴を打つ飛び込み胴を決めたんだ」

「うわぁ、すごい」

おじいちゃんはまるで昨日の試合を語るように話していた。顔も上気している。いつも落ち着いた話し方をするおじいちゃんにしてはめずらしかった。

「これで五分と五分。次に間合いを測って近づいたとき、相手に余裕がなくなったことがその目つきでわかった。面の物見《ものみ》から見える目が充血して落ち着きがなかった。そりゃそうだ。練習試合で一度も負けたことのない相手に一本先取しているから〝負ける〟という文字は浮かんでこない。その相手に油断して一本返されたから狼狽《ろうばい》したんだろう。その虚を衝《つ》いて、おじいちゃんは自分がいちばん自信をもっている技、小手を狙ったんだ。

相手は得意の面で決めようとするのはわかっていたから、面に構えようとする相手の竹刀を裏から払い上げて小手を打つ〝払い小手〟で勝負をかけた。この写真はその決まり手の瞬間を写したものだ」

「すごい番狂わせだね!!　おじいちゃん、そのときどんなことを考えたの？」

「決まり手の瞬間、ふっと相手の監督の姿が目に入ったんだが、呆然とするというのはあの姿だ。勝負で油断は禁物だし、また勝負は人間がするものだ。だから実力以上の力が実戦では出ることがある。そのとき何か目に見えない力がおじいちゃんに手を差し伸べてくれたのだろう。まあ、サムライが名誉を守った気分だったよ」

わたしははじめて聞くおじいちゃんの壮絶な試合の話に感動していた。おじいちゃんはその話の最後にこんなことを言った。

「昔のサムライが剣をとるときは、それこそ命のやりとりをするときだ。だからそう簡単には刀は抜かない。だが名誉を傷つけられたときは、間違いなく刀を抜いたに違いないよ」

そして、『武士道』を手に取ると、二ヵ所を示してみせた。


名誉という感覚には、個人の尊厳と価値についての明白な自覚が含まれていて、その自覚は当然ながら武士の特色となった。武士はみずからの身分に伴う義務や特権を重んずることを、生まれながらにして教えられ、育てられた。

大坂冬の陣の戦いのとき、徳川家康《とくがわいえやす》の若き息子（頼宣《よりのぶ》）は先鋒隊に加えてほしいと懇願したが、それが許されずに後陣に配された。そして敵の城が陥落したと聞くや、若き頼宣は悔し涙を流した。

老臣の一人（松平右衛門大夫正綱《まつだいらうえもんのたいふまさつな》）が慰《なぐさ》めようとして、「若君はまだお若いので、この後、何度も戦《いくさ》はありまする。お嘆きになることはありますまい」と言った。すると頼宣は老臣をはったと睨《にら》みつけ、「やあ右衛門、常陸《ひたち》（頼宣）が一四歳の年がまたあるべきか」と言ったのである。

もし、名誉と名声が得られるのであれば、生命を捨てても惜しくはないと思われていた。そのため、生命より大事だと思われる事態が起これば、きわめて平静に、そして直《ただ》ちに一命が棄てられたのである。

わたしは難しいことはわからないが、家康の息子が戦《いくさ》の先鋒を任されなくて、それを慰める老臣に対して「やあ右衛門、常陸が一四歳のときはもう二度とないのだ」と言うところが印象深かったとおじいちゃんに話した。するとおじいちゃんは、つぎのようなことをさらに話してくれた。

「ほう、そうかい。この若殿様も芙蓉と同じ一四歳だからね。『武士道』にもその辺のところは詳しく書いてあるよ」

「どんなこと？」

「高潔な人が恥を知る心を廉恥心《れんち》というんだが、サムライは子どもの頃からこれを親や周囲に叩きこまれたんだ。たとえば『笑われるぞ』『名を汚すなよ』『恥ずかしくないのか』というのがそうだ。いわゆる〝名〟〝面目〟〝外聞〟という言葉が〝名誉〟を表している」

「子どもの頃から教えこまれたら、それがいいとか悪いとかの問題じゃなくなるね。〝当たり前〟のことになりそう」

「そうだね。幕政にも関与した学者の新井《あらい》白石《はくせき》は、少年時代に受けた小さな屈辱に『不名誉は樹木の切り口のように、時はこれを消さず、かえって大きくなる』と言っているほどなんだよ。

ところで芙蓉は、名誉ということを考えてみたことはこれまであったかな？」

「うーん、去年の県の中学総体の団体戦のときは、いま考えればそうだったかな」

このときは三回戦で女子は敗退してしまったが、じつに悔しかった。わたしが女子の副将を務めていたこともあるが、横手中剣道部として、横手中学校として勝ちたい、という気持ちが強かったことはたしかだ。そういえば、試合が近づくにつれて白川先生や学校関係者から「学校の名誉にかけて頑張って」と言われた気もする。これは、わたしがはじめて〝名誉〟を意識した瞬間だったかもしれない。

美雪の言う名誉、おじいちゃんのかつての名誉。みんな名誉のために全力で戦っている。武士の時代ではなくても、〝名誉〟の考えは受け継がれているのだ。

「ちょっと前田、時間ある？　話したいことがあるんだ」

稽古後、トイレ掃除を終えたところだった。声が聞こえたほうを見ると、格技場の横にいる部長の大石翔太が目に入った。わたしは大石に近づき、尋ねた。

「話って？」

「じつは、小宮《こみや》と陣内《じんない》のふたりが退部したいとか言い出して、困ってるんだ。いろいろふたりから話を聞いて引きとめているんだけど、どうもうまくいかなくって。今日も部活休むって小宮が言い出したんだけど、そうなると白川先生にごたごたしてるのがバレるだろ。だからなんとか無理やり参加させたんだ」

大石は顔をしかめて本当に困った様子だった。小宮も陣内もふたりとも三年生部員で、団体戦では次鋒、副将を担う腕だ。

「受験が原因？」と聞くと、「そうではない」と言う。

「そういうわかりやすいことじゃないから困ってるんだよ」

わたしの目をろくに見ず、大石はめずらしくぼそぼそと話している。

「もうすぐ県の中学総体もあるのに、次鋒と副将が辞めたらすごく困らない？」

「そうなんだ」

「白川先生は全然知らないの？」

「まだ話していない。っていうか、ちょっと話しにくい内容なんだ」

いったいどういう理由なんだろう。なぜ大石ははっきり言わないのだろう。

「それって女子部員と関連する話？」

ふと思いついて問いかけると、ようやく大石は核心を話しはじめた。

「前田は、あのふたりが丸山紗枝のことを好きだって知ってるよな」

紗枝は小顔で色白なうえ、目もパッチリして渋谷や横浜を歩けば、よくタレント事務所から声をかけられるほどかわいい。学校でも小宮や陣内だけではなく、男子のファンは多い。

「へぇ、そうなの？　わたしは知らなかったけど」

知らないでもなかったが、知らないと言っておいたほうが無難だ。

「はじめは小宮のほうが熱を上げてたらしいけど、いまはどうやら陣内のほうがうまくいっていているらしい。陣内と丸山は外で会っているみたいだし、メールもやりとりしてるんだってさ。それが小宮にはおもしろくない。副将の小宮にしてみれば、剣道の腕も成績も上の自分がなぜ、という気持ちがある。それに陣内は丸山との仲を小宮にこれ見よがしに自慢してるんだと」

それでふたりの仲が険悪になって、いまじゃ口もきかないんだ。小宮は丸山にフラれ、陣内の顔も見たくないから退部しようというわけ。陣内は陣内で、稽古で小宮に小突かれたり防具を隠されたりして、嫌がらせをされていると思いこんでる。部を辞めれば丸山のことであれこれ言われなくなると思っているみたい」

「ふーん、そんなことがあったの。けどさ、紗枝はふたりのこと、どこまで知ってるのかな？　第一、陣内と付き合ってるとか、聞いたことないけど。紗枝のことをいいなと思っている男子はたくさんいるから、陣内が紗枝のことを好きだっていうのはそんなに不思議じゃないけど。でも紗枝からしたら、たぶん陣内はたくさんいる友だちのひとりくらいに思ってるんじゃない？」

「おれもそう思うよ。この前、陣内に丸山と外で会うとき何してるのか聞いたら、マックでコーラ飲みながらゲームしているとか言ってさ。小学生かよ！　って。でも小宮にしてみれば、そんなこと一回もしたことないから、耐えられないんだろうな。ふたりともエネルギーが内にこもっているから変な感じだ」

いったいどうしたらいいんだろう。二七人しかいない部員、それもリーダー格の三年生がもめ事を起こせば、下級生に示しがつかない。まして恋愛の話では、最悪もいいところ。

「やっぱ、白川先生の耳には入れておいたほうがいいと思うけど」

そう言うと、大石はそれはできない、と首を振った。

「小宮が、このことを白川先生に言うなら、いますぐ退部するって言い張るんだ」

うーむ。男として恥ずかしいのだろうか。わからないでもないけれど。

「じゃあ、どうする気なの」

「だから、前田に相談してるんだよ」

「でも本心としては、ふたりは絶対に剣道部を辞めたくないと思うけどな」

「どうして、そんなことが言える？」

「だってふたりとも、小学生のときから剣道をしてきて、こんなことで剣道をやめられる？　意地になってるだけだから、その変な意地を解きほぐしてあげればいいんじゃない？」

「そんなことできるか？」

「ちょっと、わたしに任せてもらえない？」

話しているうちに、考えついたことがあった。大石は怪訝そうな顔をしていたが、一任してくれた。

翌日の部活後、わたしは「ちょっと話があるの」と紗枝に声をかけた。一度家に帰ったあと、わたしは紗枝とマックで落ち合った。

「久しぶりだね。芙蓉とマック来るの」

「そうだよね、じつはね……」

と、昨日大石から聞いた話を全部紗枝に話してしまった。そもそも紗枝を傷つける話でもないし、紗枝本人から、いい解決策を教えてくれそうな気がしたからだ。すると意外な話が紗枝の口から出てきた。

「えー、ふたりはそんなこと言ってんの!?　わたし、陣内と付き合ってもいないし、マックにいっしょに行ったこともないよ。メールも剣道部のことで二、三度やりとりしたくらいだし。それに小宮をフッたとか言うけど、そもそも小宮から付き合ってほしいなんて言われたこともないんですけど……」

驚いたのはわたしだ。いったいどういうことだろう。

「うちのお父さんとお母さんは、中学生時代は男女交際は絶対ダメって言ってるし、グループ交際だってうるさいんだから」

はぁ、である。

「じゃあ、あのふたりのけんかの原因はいったいなんなの？」

と紗枝に聞くと、

「やーだ、こっちが聞きたいよ。わたしの知らないところでそんなことになってるなんて。それじゃ、わたしも部活に行けなくなっちゃう。芙蓉、なんとかしてよ」

やぶへびだ。変なことに巻きこまれてしまった。ひとまず大石に紗枝の話を知らせると、すごく驚いていた。

翌週の部活後、大石がすっとわたしのところへ寄ってきて、格技場の裏に引っ張っていかれた。

「例の件、もうおれの力ではどうしようもないから、白川先生に話したんだ。そしたらものすごく笑っていたよ。つまり、陣内が小宮をちょっとからかっただけだって言うんだ。それを小宮が真に受けちゃったから、陣内も引くに引けなくなって、丸山と付き合っているという嘘をつきつづけたに違いないとね。

小宮と陣内は小学校時代からライバルなんだよ。通っている道場も同じだし。だけど三年生になって小宮は二段になれたが、陣内はまだ初段。で、小宮の弱点は丸山だから、陣内がついからかってしまったんだと。ったく」

「でも、わかっただけじゃなんの解決にもならないんじゃない？」

「その点はもう大丈夫。白川先生にふたりに喝《かつ》を入れてもらったから。そうしたらふたりは仲直りして、気をもちなおしたっぽい。それにあのふたりは、白川先生を尊敬してるしね」

「でも、小宮は紗枝のこと吹っ切れるのかな？」

「その点でも、白川先生は、高校へ行ってから付き合え、いまは剣道と受験に全力を尽くせと指導したらしい。ひとつ何かを得ようとするなら、ひとつ何かを犠牲にしなさいとも言ったんだって」

さすが先生だ。わたしたち三年生も、自分の小さな欲望にこだわるのではなく、剣道部全体に目配りしながら稽古しなければならない気がする。

小宮にしても陣内にしても、部活を辞めることは本来誰も止められない。でもわたしはふたりが辞めなくて本当にホッとした。こういう気持ちはどこから来るのだろうか。物事を中途半端で投げ出さなかったから、だけではなくて、それ以上の意味がある気がした。

その夜、おじいちゃんの部屋で『武士道』一章分をいっしょに読んだ。そこは〝忠義〟がテーマになっていた。いま、〝忠義〟といってもまったくわたしにはピンとこない。おじいちゃんはこれを〝主君に対する臣従の礼と忠誠の義務〟といって、「軍隊でも部活でもその精神は必要だ」と教えてくれた。

私たち日本人が抱く忠義の観念は、他の国ではほとんどその賛同者を得られないだろう。しかし、それは私たちの観念が間違っているからではなく、おそらく他の国では忠義が忘れ去られていたからであり、また、他のいかなる国も到達できなかった高さまで、日本人がこの観念を発達させたからである。

グリフィス（アメリカの牧師）は、「中国では儒教が親に対する服従を人間の第一の義務としたのに対して、日本では忠義が第一に置かれた」と述べたが、まさにその通りである。

なんとなく、今回の小宮と陣内のこととつながる気がして、わたしはおじいちゃんにふたりの反目の件を話してみた。

「それで、結局ふたりは部活を辞めないことになったんだけどね、わたし、すごくホッとしたの。ふたりが辞めたら部として戦力ダウンになっちゃうからっていうのもあるんだけど、それだけじゃなくて。なんか、ふたりは自分のことしか考えていなかったような気がして、それで辞めるのって勝手だなぁと思って。辞める辞めないは、最終的には本人たちの問題だとは思うんだけど……わたしの言ってること、変かな？」

おじいちゃんはうなずきながらじっと聴いて、言った。

「まぁ、小宮君と陣内君の頭の中には、自分の感情や損得が第一で、〝剣道部のためになるかならないか〟という選択肢はなかったんだろうね。そこが部長の大石君や芙蓉との違いだ。

ちょうどいま『武士道』で読んだところに重なるかな。もちろん、この現代に誰かを主君として『忠義心を養え』なんていうことではなくてね。ただ、〝大切なもののために尽くす〟という気持ちは、いまも大事なのではないかと思う。

たとえば、剣道部という集団で稽古して試合に出るからには、やはり動機づけが必要なんだ」

そう言っておじいちゃんはひと呼吸入れた。

「動機づけ？」

そう、とうなずいて、おじいちゃんはわたしの顔を見ながら問いかけてきた。

「つまり、なんのために学校の部活で剣道に打ちこむのかということだ。芙蓉はどうだい？」

「うーん、わたしは運動として剣道が好きだし、精神鍛錬にもなるし。あと部長になってからは、剣道部のレベルアップを図って部活を盛り上げたいって思ってやってる」

自分ながら悪い答えではないと思った。

「そう、それでいい。自分として譲れないものや、部活をこうしたい、という目的のためにやっていることがよくわかる。小宮君と陣内君も、今回のことをきっかけとして、何が大切で、なんのために剣道部で剣道をやるのか、知ることができたんじゃないかな」

そうだ、誰にとっても大切なものがあるはずだ。そのために頑張ることが大切なんだ。おじいちゃんの話で、よくわかった。

第9章　お金に振りまわされてはダメ

晩ご飯のとき、久しぶりにお父さんが早く帰っていた。おじいちゃん、おばあちゃん、お父さん、お母さん、燿とわたし、こうしてみんながそろうとなんだかご飯もおいしい。お母さんもうれしそうだ。お父さんはしきりに、おじいちゃんと会社の話をしている。

「今年の決算はやはり三年続きの赤字だった。社長の進退問題にまで発展しそうだよ」

するとおじいちゃんは、

「あの社長は役人の天下りだから、昔のサムライのように殿様商売でコスト意識に欠けているんだろう。国からカネや仕事を引っ張ってきてもそれをうまく生かせない。景気の浮き沈みにうまく対応できないんだね」

「それもそうなんだけど、それだけでない気がするんだ」

「うん、やはり社員ひとりひとりが仕事を生み出していく体質にならなければ、当分の間浮上できないな」

　おじいちゃんは顔をしかめている。

　お父さんはご飯を食べながらため息をついた。

「いいときが長く続いたから、なおのこと官僚体質になってしまったんだ。誰がやってもうまくいくから、世間を甘く見ているうちに時代の変化についていけなくなってしまったんだよ」

「わたしが役員だったとき、ちょうどバブル経済がはじけて大騒ぎになった。不動産、株式など投資案件は緊急に見直しして、大損害を出しながら整理した。かつて成功体験のある役員たちは憤慨していたが、二年後、それが正しかったことが証明された。もし、あのときもたもたしていたら、さらに天文学的赤字が出たことは間違いない。その計画を推進するにあたって、当時の社長は退任して、新社長主導で改革を図った。企業にとっていちばん怖いのは、上に立つ人間が責任を取らないことなんだ」

　おじいちゃんは当時のことを思い出したのか、厳しい表情のままだ。お父さんはうなずいてぼやいた。

「昔のお殿様なら責任を取らなくても藩は残るけど、いまは会社がつぶれて社員は路頭に迷うものなぁ」

「そうだよ、春雄の会社は社員は五〇〇〇人を超えるだろう？　それがみんな路頭に迷ったら大変だ。上まかせにせず、サラリーマンもそれぞれが損得勘定をもたなければならない時代なんだよ」

「まったく。オーナー企業ならいざ知らず、いまの時代は変化が急だから、お公家さんのような経営者がのんびりしていたらやっていけないっていうのに」

「既得権益を守ろうとする勢力は、急激な変化を望まないからなぁ。自分の在任中さえ問題なくいってくれればそれでいい。でもそれではあとに続く者が割を食う。ましてリストラ、倒産となればそれどころではない」

「そうなんだ。同じ会社内でも腹のなかは人それぞれ。いいときは表面化しないが、尻に火がつけば、そんなわけにはいかない」

「ただ、怠けもののロバのなかからサラブレッドは出ないよ。だから、社員も普段から問題意識を忘れずに、切磋琢磨していかないとダメだ」

それまで黙ってふたりのやりとりを聞いていたお母さんが、

「平時の備えが大事ね」

とつぶやくように言った。

『武士道』を読むと、日本人の基本的な精神は一〇〇年、二〇〇〇年前とそんなに変わった気はしない。でも金銭感覚が違うことはわかる。

> 武士は金銭そのもの——金儲けや蓄財——を賤《いや》しむ。武士にとってそれは真に汚れた利益だった。世の中の退廃を嘆く常套句に「文臣銭を愛し、武臣命を惜しむ」というものがある。黄金と生命を惜しむ者は非難され、これらを捨て去る者が称賛された。
>
> 格言にも「金銀の欲を思ってはならない。富は知恵を害する」というのがある。
>
> したがって武士の子弟は、経済のことはまったく無視するように育てられた。経済のことを口にすることははしたないこととされ、金銭の価値を知らないことはむしろ育ちのよさのしるしだった。

おカネが大切なのは、いまも昔も変わらないのではないかと思う。お父さんが元気で働いてくれなければ家のローンも払えないし、高等教育も受けられない。だから『武士道』のおカネに関する部分は、現代のわたしが読むと、驚いてしまう。

武士道では、理財の道を卑しいもの、すなわち道徳的な職務や知的職務にくらべれば卑賤なもの、と一貫して主張してきた。

このように、金銭が軽んじられ、蓄財が卑められたことで、武士道は金銭から生じる無数の弊害から免れてきたのである。わが国の公人が長い間、腐敗や汚職から遠ざかっていたのは、このお陰である。

だが、悲しいかな、現代においては、なんと急速に金権政治がはびこってきたことか。

お金にとらわれ、振りまわされるのがよくないのは、そのとおりだろう。でも、急激な科学技術や社会環境の変化が日本人の心に影響を及ぼしつつあるのはわたしでもわかる。

たとえばパソコンや携帯電話の普及で手紙を書くことも少なくなり、字だって難しい漢字は書けなくなった。電車の中で本を読む人はあまり見かけないし、新聞もテレビ欄しか見ない人も多い。そういう意味では昔の人は落ち着いてものを考える時間がたっぷりあった。

『武士道』を読んで、ただ内容を鵜呑みにするのではなく、現代の自分の暮らしに生かせるところを考えなくてはならないと思った。

お父さんとおじいちゃんの話は食事の間ずっと続いていたので、わたしもそれを聞いていた。仕事、経済、金銭、政治、どれも大事な話に思えた。難しい話もあったが、知るのに早すぎるということはないだろう。

岡田範士は掛かり稽古と同様に見取り稽古の大切さも教えてくれた。他人の稽古を本気になって見ると必ず得るものがあると。これは人の話でも同じではないかな。そんなことを考えた。

第10章　無謀と勇気は別もの

「ドロボー、ドロボー!!」

という男の声が外から聞こえてくる。わたしはちょうど塾から家に帰ってきたところで、靴を脱ぎかけていたが、玄関横に立てかけてあった竹刀袋をとっさにつかんで外に出た。

一〇メートル先を、わたしの家から二軒先に住む上田《うえだ》さんのおじさんが走りながら声を張り上げていた。その先を見ると、おじさんの七、八メートルほど先に小さな原付バイクが走っている。後部座席にいるつなぎの服を着た太った大男が、手にカバンをぶら下げていているのがわかった。ひったくりだ。わたしは直感的にそう思い、走り出した。

バイクは、太った大人ふたりが乗っているのでまったくスピードが出ない。自転車とそう変わらない速さだ。そこへバイクと対向して、二台の自転車がやってきた。見ると、昨年同じクラスだった鷲見《わしみ》と名前の知らない男子がいっしょだった。

「なんかあったの？」

鷲見はわたしを見て聞いてきた。竹刀を持つわたしの姿に驚いている。

「ひったくりなの、あのバイク、追っかけて」

わたしが言いおわらないうちに、ふたりの自転車はUターンし、スピードを上げてバイクを追いかけていった。

上田のおじさんは息を切らして途中で立ち止まっていた。

「やあ、芙蓉ちゃん、もう追っかけなくていいよ」

とおじさんは言った。

「公園の電柱の陰で待ち伏せされたんだよ。道路側に左手でカバンを持っていたから、ほとんど音もたてずに追い抜きざまに持っていかれちゃったんだ。現金と会社の重要な書類が入っていたんだけど」

とゼイゼイしながら話してくれた。

そこへ鷲見たちが戻ってきた。

「随分バイクと距離があったんで、途中で見失ってしまいました。すみません。もうちょっと早く気づいていれば追いつけたかもしれなかったんだけど」

とおじさんに謝っている。

「いやいや、追いついていたら何をされたかわからないから、それでいいんだ。ありがとう」

おじさんはわたしと鷲見たちに何度も頭を下げた。

おじさんはお酒を飲んでいたらしく、犯人を追いかけたので顔は青ざめて、いつまでも息が上がって苦しそうにしていた。それでもなんとか携帯で一一〇番した。近所の人も騒ぎを聞きつけて、何人かが家から出てきた。

「おい、前田、あそこに竹刀袋が落ちているぞ。しかしすごい格好だな。片手に竹刀を持って怖い顔して」

鷲見は目を丸くしながら、わたしをからかった。

家に帰ると、お風呂上がりのお母さんが、

「いったいどうしたの？」

とわたしの姿を見て尋ねてきた。週二回の塾が終わって家に着いたのは午後九時半。

それなのに竹刀を持って家に入ってきたので、お母さんは驚いたのだ。

玄関にはカバンもそのままだった。いまあったことを話していると、お父さんが帰ってきた。二階からおじいちゃんおばあちゃんも降りてきた。

お母さんが三人にこの話をしながら、芙蓉のやったことがどんな危険なことか、興奮しながらまくしたてる。

「芙蓉、いくらなんでも中学生の女の子のとる行動ではないわ。もし何かあったらどうするの。相手は犯罪者でしょう。逆上して暴力を振るったり、逆恨みするかもしれないじゃない」

お父さんにもおじいちゃんにも何も言わせず、わたしを叱りつけていると、玄関のインターフォンが鳴った。

お母さんがあわてて出ると刑事さんがふたり立っていた。ちょっと話を聞きたいとのことだった。ひったくり犯の年齢、服装やバイクの種類、逃走経路などの確認だった。てきぱきと質問をしたあと、刑事さんは帰り際、心配半分、ほほえみ半分といった顔で注意した。

「しかし、お嬢さんは元気ですね。剣道部ですか、なるほど。でも竹刀を持って追いかけてはいけませんよ。どんなことが起こるかわかりませんから。そんなときはすぐ一一〇番してくださいね」

お母さんはそれ見たことかという勢いで刑事さんの話に相槌を打っていた。

「こんなおてんばとは思ってもいませんでした。今回は何もなくてよかったですけど、もし何かあったら……」

などと刑事さんに嘆いていた。

刑事さんが帰ると、もうそれ以上お母さんはうるさく言わなくなったが、おじいちゃんはよほど心配したのか、苦虫を嚙みつぶしたような顔をしていた。わたしはお母さんがあんまりガミガミ言うので、少し反抗的な気分になっていた。

刑事さんに注意され、散々お母さんに叱られたのでかわいそうと思ったのか、おじいちゃんは、

「ご飯を食べたらおじいちゃんの部屋においで」

と声をかけてくれた。

おじいちゃんの部屋へ入ると、卓袱台の上には『武士道』の「勇」の章が開かれていた。そこへ目をやると、おじいちゃんが赤い線を引いていた。

愛読者カード

ご購読ありがとうございました。今後の参考とさせていただきますので、ご協力をお願いいたします。また、新刊案内等をお送りさせていただくことがあります。

【1】本のタイトルをお書きください。

【2】この本を何でお知りになりましたか。

1.書店で実物を見て　2.新聞広告（　　新聞）
3.書評で（　　）　4.図書館・図書室で　5.人にすすめられて
6.インターネット　7.その他（　　）

【3】お買い求めになった理由をお聞かせください。

1.タイトルにひかれて　2.テーマやジャンルに興味があるので
3.著者が好きだから　4.カバーデザインがよかったから
5.その他（　　）

【4】お買い求めの店名を教えてください。

【5】本書についてのご意見、ご感想をお聞かせください。

●ご記入のご感想を、広告等、本のPRに使わせていただいてもよろしいですか。
□に✓をご記入ください。　□ 実名で可　□ 匿名で可　□ 不可

郵 便 は が き

切手をお貼りください。

102-0071

東京都千代田区富士見
一－二－十一
KAWADAフラッツ一階

さくら舎 行

住　所	〒　　都道府県		
フリガナ		年齢	歳
氏　名			
		性別	男　　女
TEL	（　　　）		
E-Mail			

さくら舎ウェブサイト　www.sakurasha.com

あらゆる死の危険を冒し、一命を投げ出し、死の淵に臨む、といったことは、しばしば勇気と同一視されるが、武器を用いる職業の者にあっては、このような猪突猛進の行為は賞賛には値しない。シェークスピアが「勇気の私生児」と呼んだごとく、

ぐいっと頭をもたげていた反抗心が静まるのを感じた。バカにされて、唐沢を蹴り上げた山中のことを思い出した。わたしは、あのとき学んだのではなかったか。見境なく感情のまま動くことは〝蛮勇〟ということを。一四歳の女の子が竹刀片手にひったくり犯に立ち向かうのは、たしかに蛮勇と言われてもしようがない。わたしはもう一度、じっくりと『武士道』の「勇」の章を読んだ。

おじいちゃんは、わたしが読み終えたのを見て、こう言った。

「芙蓉ね、孔子は〝義を見てせざるは勇なきなり〟と言っている。もう一方に〝匹夫の勇〟や〝蛮勇〟もある。芙蓉は人を助けようと思って行動したから、蛮勇ではないかもしれない。しかし場合によっては大変な状況になることだって考えられた。そうすると、蛮勇であったともいえる。やはり刑事さんが言っていたように、最初に一一〇番通報するのが最善手だったね」

わたしは素直にうなずいた。するとおじいちゃんは意外な話をしはじめた。

「第二次世界大戦末期、日本軍は敗色濃厚なためとんでもない作戦を実行したんだ。特別攻撃隊、いわゆる特攻隊だ。隊員は死ぬことを前提に敵戦艦に体当たりをしたんだ。およそ四〇〇〇人弱の特攻隊員が出撃して亡くなった。

隊員自身は、戦争に勝つという救国の大義のために死んでいるから犬死ではないと確信していた。でも、その攻撃で敵に大打撃を与えられたかといったら、そんなことはなかったんだ。隊員たちは、勇気を奮いたたせ、身を挺して国を守ろうとしたわけだが、後世のわたしたちからすると、もっと命を大事にする、有効な作戦はなかったのかとも思うわけだ。

なぜこんなことをおじいちゃんが言うのかといえば、〝勇〟には〝義〟がなければいけないからだ。でも、〝生きるべきときは生き、死ぬべきときに死ぬことこそ、真の勇気〟という話が『武士道』で前に読んだところにあったのを、覚えているかな？ただ戦場に飛びこんで討ち死にすることを、武士道はよしとしていなかっただろう？

難しいが、そこを芙蓉も考えてほしい」

「そうだね……〝義〟があっても、やみくもに突進するのはダメだね。さっき、お母さんがガミガミ言ったわけもわかった。今度から、ちゃんと考えるようにする」

おじいちゃんはうれしそうにうなずいた。


翌週の月曜日、昼休みもそろそろ終わる頃、五時限目の授業の開始を待っていると、教室の外の廊下が騒がしい。ほかのクラスの男子生徒が何人か、教室の窓ガラス越しに教室の中を覗いている。なんだかみんながわたしのほうを見ているような気がした。

「あの人たち、なあに?」

後ろを振り向いて、わたしの真後ろに座っている中村京香に聞いてみた。すると京香は、

「あれ?　なんも知らんの。芙蓉、あんたはこの学校一の有名人なんよ」

と言うではないか。

「えー、それどういうこと?」

「ひゃー、ほんま、なんも知らんの?」

「もちろん」

「あんた、先週ひったくりを退治したじゃん。それも犯人の背中に竹刀で一撃食らわせたって、大評判なんや」

　びっくりしたのはわたしのほうだ。ただちょっと竹刀を持って追いかけただけなのに、なぜこんなに話がおもしろくなっているのだろうか。そもそも犯人をつかまえたわけでもなく、新聞の地方版にもこの事件のことは何も載っていないのに。大げさに言いふらしたのは、あの場にいた鷲見ともうひとりに違いない。困った。これが白川先生の耳にでも入れば、部長としてどんなことになるだろう。

「でも、カッコええなあ、女の子が大の大人、それもひったくり犯を撃退するなんて。芙蓉、怖くなかったの？」

　京香まで噂を真に受けている。これじゃ部活で白川先生に何を言われるかわかったもんじゃない。

　案の定、白川先生に部活前に呼び止められて、格技場の隅で立ち話をすることになった。

「先週、ひったくり犯を撃退したって、本当か」

「いえ、そんな大げさな話じゃないんです」

事件のあらましを説明すると、先生は笑っていた。

「しかし、よく竹刀なんか持ち出して犯人を追いかけたもんだ。横手中の女武芸者か、ワハハ、ご両親によほど叱られただろう。もうするなよ」

それだけ言って、先生は稽古を開始した。なんだかわたしはホッとすると同時に、先生の度量の大きさを感じ、うれしかった。

第11章　覚悟をもって事にあたる

「ビデオをいっしょに見ないか」

日曜日、部屋で音楽を聴いていると、おじいちゃんが誘ってきた。『十三人の刺《し》客《かく》』という時代劇だ。

江戸時代末期、徳川将軍家の弟にあたる藩主が、領民などに残酷で無慈悲な振る舞いをして恐れられていた。藩の江戸家老がこれを憂《うれ》えて幕府筆頭老中の門前で切腹して、藩主の暴虐ぶりと異常性格を記した訴状を残した。幕府としては将軍の弟を表立って排除できないので、筆頭老中が十三人の刺客（殺し屋）を選抜し、参勤交代で帰国する藩主を途中で待ち伏せすることとなったが、藩も察知してこれに対抗する、というお話。

おじいちゃんは、この切腹した家老の行為は「諫死《かんし》」というのだと教えてくれた。死をもって藩主を諫《いさ》める行為だという。そういえば、『武士道』にも説明があった。

臣下の意見が主君と異なる場合、臣下の取るべき忠義の道は、ケント公（『リア王』の登場人物）がリア王を諫めたように、あらゆる可能な手段を尽くして、主君の過《あやま》ちを正すことである。もし、それが受け入れられないときは、主君の意のままに自分を処置させた。
こうした場合には、武士は自分の血をもって己の言葉の誠実を示し、主君の叡智と良心に対して、最後の訴えをするというのが、きわめて普通のやり方だった。

映画では、白装束《しろしょうぞく》の家老がお腹を十文字に切り裂く様子がリアルにえがかれていた。そのところは怖くて目をつぶっていたので、おじいちゃんが説明してくれた。昔は本当にこんなことが行われていたのかと思うとゾッとした。
わたしが興味をもったのは、なぜ武士は切腹するのだろうかということだった。なぜ命をそんな簡単に捨てられるのだろうか。『武士道』では当時の切腹の考え方が、こんなふうに説明されている。

日本人の心の中では、切腹はもっとも高貴な行為やもっとも感動的な悲哀の事例を連想させるものであり、なんらの嫌悪も感じず、ましてや嘲笑されることなどはないだろう。それが徳や偉大さや優しさに変化する力には驚くべきものがあり、もっとも不快な形式が、もっとも崇高なものとなり、新しい生命の象徴にさえなるのである。（中略）
切腹が私たち日本人にとっていささかも不合理とは感じられないのは、その連想によるだけではない。身体の中でとくにこの部分（腹部）を選んで切るのは、そこに霊魂と愛情が宿るという古代からの解剖学的な信念に基づくものだからである。

読者は、切腹が単なる自殺の行為でない、ということを理解されたであろうか。切腹は法制度であり、かつ儀式典礼だった。中世に始まった切腹は、武士がみずからの罪を償《つぐな》い、過ちを詫び、不名誉を免れ、朋友の汚名をすすぎ、己の誠を証明するための方法だったのである。

法律上の刑罰として切腹が命じられたときには、荘厳なる儀式をもって執り行われた。それは洗練された自殺であり、冷静な心と沈着なる振る舞いを極めた者でなければ実行することはできなかった。

それゆえに、切腹は武士にとってふさわしい作法であったのだ。

こういう考え以外にも、主君が亡くなったとき恩義を受けた家臣が、主君の後を追って切腹する「殉死」があったとおじいちゃんは話してくれた。その後、幕府から殉死禁止令が出るほど流行ったというからすごい。殉死した人のなかには、ほかの人が殉死するなかで生きようとすることで「卑怯者」とか「臆病者」と後ろ指を指されることを恐れて、その道を選んだ人も多かったのではないかと思った。

おじいちゃんによると、こういうことは、江戸時代だけのことではないそうだ。明治四十五年（一九一二年）に明治天皇が亡くなったとき、乃木希典《のぎまれすけ》陸軍大将夫妻は切腹の作法で後を追って、当時の日本人に大きな衝撃を与えたと話してくれた。

『武士道』には切腹で果てた人の驚くようなエピソードが出てくる。
英国の外交官は明治初頭に自分が目撃した切腹現場を、おおよそ次のように書き残している。

寺院の本堂に滝善三郎が切腹するため入ってきた。三二歳で堂々たる体格の滝は居並ぶ検視役および七人の外国使節を前に沈着冷静な態度で「拙者はただひとり、無分別にもあやまって、神戸で外国人への発砲を命じ、外国人が逃げようとするところを、再び命じた。拙者いま、その罪を負いて切腹いたす。ご列席の方々には、検視の御役目御苦労に存知候」と述べ、切腹の作法どおりに腹を切って死んでいった。

もうひとつの例は、父の仇を討とうと家康の陣屋に忍び込んで捕らえられた二四歳の兄と一七歳の弟の話だ。家康はその勇気を誉め切腹を申し付けた。さらに、当時の倣《なら》いとして兄弟の末弟、罪もない八歳の八麿も同時に切腹させられることとなった。八麿は臆することなく兄たちの切腹を真似てその手本どおりの所作で死んでいった。その場に居合わせた医師がこれを書き残した。

こういう話を読むとあまりの時代の移り変わりに驚くばかりだ。赤穂浪士は四六人が切腹したし、生きることと死ぬことの境がない時代があったということに驚く。その上、切腹を命じられることに納得できない部分があっても、見事に死んでいる。

切腹は『武士道』のなかでもっとも現代社会では理解しにくい慣習だ。もし自分が武士で、何かしらの不祥事を起こしてお殿様から「前田芙蓉、切腹を申し付ける」と命令されたら、素直に承服できるだろうか。

説明として〝武士がみずからの罪を償い、過ちを詫び、不名誉を免れ、朋友の汚名をすすぎ、己の誠を証明するための方法だった〟とあるが、人間はこんなに潔い心境になれるものだろうか。わたしなら死の恐怖が先に立ってしまい、あたふたしてしまいそうな気がする。

『武士道』にはそんな現代人の心理を読んでいるかのように〝それは洗練された自殺であり、冷静な心と沈着なる振る舞いを極めた者でなければ実行することはできなかった〟と続いている。

どうもわたしからすれば、よく生きてきた人しかよく死ねない（切腹できない）と言われているような気がする。そう考えると緊張感をもって毎日生きていないと切腹はできないだろう。

罪を納得し、罰を受け入れる潔さは現代にも通じるところがあるかもしれない。だとしても、切腹がふつうに行われていた江戸時代に生まれなかった幸運に感謝したい。

第12章　**心**をコントロールし、常に**平常心**でいること

日曜日なのにめずらしく櫂が家にいると思ったら、居間のテーブルで本を読んでいるわたしのところへ来て、椅子に腰かけた。何か話でもあるのだろうか。このごろ櫂は急に大人びたようなことを言って家族を驚かせる。

「芙蓉、ちょっと聞きたいんだけど」

「なぁに？」

櫂はわたしのことを呼び捨てにする。両親の前では叱られるからしないが、いないとその呼び方を直そうとしない。

「最近、『武士道』を読んでるって聞いたけど」

「そうだけど、それが何？　大体そんなこと誰から聞いたの、おじいちゃん？」

「違うよ、お母さん」

「あぁ、なんでもお母さんはしゃべっちゃうからね。で、それが何？」

「読んでためになった？」

「まだわかんないけど、いろいろ勉強にはなるよ。わたしが知らなかったことばかりだから。でも櫂にはちょっと難しいかも。意味がわかる前に飽きちゃうかもしれない」

「そっか。おもしろかったら読んでみたいと思ったんだ。でも古くさくない？」

「そうだねぇ、男の人と女の人が平等じゃなかったりとか、金もうけはいけないとか、やっぱりいまと違うなと思うところもあるけど、そんなに古くさいとは思わないかな」

「武士道って、精神を鍛えるようなことでも書いてあるかと思ったんだ。おれ、芙蓉だから言うけど、毎週模擬テストなんかでお母さんついてくるだろ。あれ、すごく嫌なんだよ。いつまでもおれのこと子ども扱いして。おれのやることなんでも知りたがるだろ？」

「それは仕方ないんじゃん？　櫂は、お母さんからするとまだまだ子どもなんでしょ。だから心配するの」

「それはわかるけど、全然ついてこない親だっているから。どうしてうちのお母さんはこうなんだろうと思うわけ」

「それで都合が悪いことあるの？」

「とくにあるわけじゃないけど、でもおれ、お母さんのために勉強しているわけじゃないんだ」

「まあ、そうね。わたしは公立中学校に進学したから、お母さんに勉強のことであれこれ言われたことがないからなぁ。成績だって上位だし。その分、耀のことを構いたいんじゃないの？　あと、長男だから、っていうのもあるかもしれないけど」

　耀は黙りこんでしまった。

　こんな耀ははじめて見た。いつだってじっとしていられないのが耀だった。それに勉強以外は、ゲームにしか関心がないと思っていた。すると突然、耀はこんなことを言い出した。

「お父さんはおれのことどう思っているんだろう。昨年からどこにも連れていってくれないじゃないか。前は山でも海でもスキーでも年に何回も連れていってくれたし、ディズニーランドなんて年間パスポートまで買って行ってたじゃん」

「んー、お父さんも役職が上がって忙しいんじゃない？　耀は、お母さんは構いすぎるからうっとうしいし、お父さんは構ってくれないから寂しいんだ」

「そうじゃないって。どうしてだろうと思っただけ」

「ふーん、そっかそっか」

わたしは意地になる耀を適当に流しながら、『武士道』のある個所の記述を思い出していた。


武士が感情を顔に表すのは男らしくないとされた。「喜怒を色に表さず」というのは立派な人物を評するときに使われる言葉である。

そこではもっとも自然な愛情さえも抑制された。たとえば父親が息子を抱くのは、威厳を損なうことだと考えられた。あるいは夫は妻に、自室ならともかく、人前ではキスをしなかった。

ある機知に富んだ青年が、「アメリカ人の夫は、人前では妻にキスをするが、私室では妻を殴る。しかし日本人の夫は、人前では妻を殴って、私室では妻にキスをする」と言ったが、この言葉には一面の真実があるようだ。

お父さんも「サムライ」的なところがあって、櫂のことが心配だったとしても、素直に顔に出していないだけのような気がした。

櫂のイライラや寂しさは受験のストレスからくるものなのだろうか。わたしにはどうもそうは思えない。櫂は大人と子どもの端境期《はざかいき》にいるのだ。そんなときだからお父さんのことも気になるのだろう。

「そういえば、いまの櫂によさそうな教えが、『武士道』にあったよ」

「え、どんな？」

わたしはその一節を思い浮かべた。〝克己《こっき》〟について述べた箇所だ。

勇気の鍛錬は、一方において不平不満を言わない忍耐と精神を養い、また礼の教訓はその一方で、自分の苦しみや悲しみを外面に表して他者の楽しみを損なわないようにすることを求めていた。この二者が一つとなって禁欲的な気風を育《はぐく》み、ついには外見的に禁欲主義的な国民性を形成したのである。

「武士は、子どもの頃から不平不満を言わないように教育されたの。それで耐えることを覚えて、どんなことにも負けない心を養ったって話」

わたしは櫂に、お説教がましくならないように気をつけながら、できるだけ嚙みくだいて言った。

「そのうえ、自分の苦しさや悲しさまで外に漏らさないようにしたの。いろんな感情に任せず、自分の心をコントロールして、平常心でいるってことを大事にしたんだって」

「ふーん、そうすると何かいいことあるの？」

「すぐキレなくなったり我慢強くなったりするのはたしかじゃん。すぐキレる人が近くにいると、まわりの人が嫌な気分になるでしょ」

「昔の武士って、そんなに我慢強かったのかよ。すぐ町人を斬ったり、戦《いくさ》ばっかかしてたじゃないか」

「戦をしてたのは戦国時代だけの話でしょ。町人だって、そう簡単には斬らなかったんだよ。武士は、みんな刀を持つでしょ？　でも、むやみやたらと刀を抜いて人を斬ったりすることが許されていたわけじゃないの。逆に、激情に駆られて刀を振るわないように、感情を抑えて平常心を保つことが大事だったんだよ」

「へぇ、そうなんだ。っていうか、それのどこが、いまのおれによさそうなの？」

「お母さんにイライラしたり、お父さんが構ってくれなくて寂しがったりしてるからさ」

「だから、寂しがってないって！」

燿はムキになって言ったが、少し考えているようだった。どこまで伝わったかはわからないが、思うところはあるようだ。

「あと、お父さんも、それこそ武士みたいに感情を表に出していないだけで、燿のことは気にかけてると思うよ？　たぶんね」

と、一応念を押すと、

「そうだね」

と素直にうなずいた。

「まぁ、燿がこんなことを言ってたよって、そのうちお父さんに話しておこうか。ついでにお母さんにも」

とからかうと、櫂はあわてて、

「いいよ、いちいちそんなこと言わなくても。子どもじゃないんだから」

と口止めした。わたしは吹き出しそうになって、

「いやいや、まだまだ子どものくせに」

と口まで出かかったが、我慢した。

それにしても、わが家も日本の典型的な家族なのかもしれない。『武士道』が書かれた一二〇年前とどう変わったのだろうか。

第13章　どれだけ準備をしても、最後にものをいうのは**精神力**

三年生が引退した昨年の一〇月から、白川先生は練習メニューを一層工夫して部員の実力アップに本腰を入れていた。それまでどおり、走りこみは欠かさなかったが、体幹をさらに鍛えるため、また頭や手足を除いた身体部分を鍛えるため、「腹ばいになって両腕を床から離す」「床に片腕をついて腰を浮かす」などのスタビリティートレーニングが追加された。ほかにも背筋を鍛える、上半身や下半身を鍛える、などのトレーニングを毎日欠かさずやっている。

バランスや瞬発力を鍛えたり、前腕部やアキレス腱を強くするストレッチも取り入れて事故を防ぐ。同じようにセルフマッサージも取り入れる。みんなでやるから案外おもしろい。六、七ヵ月も続けると、たしかに体幹が強くなってきたことが実感できるようになった。

白川先生は、竹刀を持たずに素振りをすることなども奨励していた。竹刀を持つとどうしても振ることばかりに集中してしまうから、肩の使い方を覚えるためには竹刀を持たないほうが感覚を理解しやすいようだ。

剣道の初歩の初歩である剣道着のたたみ方がぞんざいな人は、決して強くなれないと白川先生は言うくらいだから、立ち方や座り方、構え、提刀《さげとう》姿勢、帯刀姿勢、蹲踞《そんきょ》姿勢など基本が大事になる。毎日誰かが先生から注意されている。

白川先生はあるとき、部員を前にこんな話をしてくれた。

「ボクシングではカウンターパンチが有効なのはみんなもよく知っているだろう。相手がパンチを決めてやろうという瞬間に、こちらのパンチが決まれば、相手に大きなダメージを与えることができる。それはそうだ。相手の力とこちらの力でパンチの威力は倍増する。

剣道でも出ばな技がそうで、相手の〝起こり〟を素早く見極めることが大事だ。相手が動こうとするときや、技をくり出す瞬間をとらえることが肝心だ」

そのためには相手の動きと心をよく読み取らねばならない。漫然と稽古をしていたのではこの感覚は身につかないと白川先生は言った。

「次に〝四戒〟という言葉がある。『驚（おどろき）、懼（おそれ）、疑（うたがい）、惑（まどい）』だ。この四つの心が生じると体勢がくずれ、身動きがとれなくなってしまう。これらの克服はやはり稽古しかない」

「先生、つまり、逆に相手にそういう気持ちをもたせることができれば、もう負けないですね」

部長の大石が聞いた。

「そうだ、相手は蛇ににらまれた蛙になってしまう。だから自分はそうならないようにしないといけない」

わたしもそれは痛感している。どんな相手にも自信をもって、なおかつ無心で戦うことは本当に難しい。最後にもうひとつ、白川先生は教えてくれた。

「剣道は攻めと守りが一致していなければならない。相手の打突《だとつ》を受けたりかわしたりするだけでは、一本は取れない。相手の技を受けたり抜いたりしたらすかさず打ち込む。面をかわしたらすかさず小手を狙う。相手の面を体の右にかわしながら小さくすりあげ、面を打つ。すかさず技を返すことが大切だ。ひとことで言えば〝攻防一致〟ということだな」

こういう話を部員の前で白川先生はよく話してくれる。それも一回だけでなく何度も話して、部員の頭に染みこませる。今日は岡田範士も来ていて、白川先生のあとに話をしてくれた。

岡田範士は七五歳くらいで白髪で、背格好も平均的だ。でも目つきが鋭いし背筋もまっすぐで、何より動きがキビキビしている。話す内容はなんとも奥が深い。いつも「あー」と言って話しはじめる。

「あー、きょうの稽古は熱が入っていたね。どんどん中学総体が近づいてきとっから、そうでなくてはイカン。試合は誰でも勝ちたいだろう。だが横手中はどうしても、三回戦を突破できん。負ければ悔しい。

どうすればいいかということだが、わたしは白川先生に技術は任しておる。じゃあ、なんのためにわたしが稽古に来ているかといえば、わたしは年寄りでヒマだから、遊びのためだ」

岡田範士がまじめな顔をして言うものだから、部員はみんなドッと笑った。ふふと範士も含み笑いをしながら話を続けてくれた。

「あー、今日、それでもちょっと目につくことがあった。男子の二年生部員が誰かの竹刀を二本持ってどこかへ運ぼうとしていたな。そんなのは親切でもなんでもない。竹刀は刀とおんなじなんだ。自分の刀を他人に持ってもらうサムライがどこにおるかい。刀はいつも自分の体の傍《そば》に置いておかなければ愛着もわかん」

そういえば以前、試合のあった学校まで、女子部員が大きなゴルフバッグのような容《い》れ物に竹刀をまとめて入れて、保護者の車で運んだことがあった。これもいけないことなのだ。

『武士道』には、サムライの子がはじめて刀を持つ喜びと行動が書いてある。

武士の子弟は、ごく幼いころから剣を学んだ。五歳になると武士の正装をし、碁盤の上に立たされて、それまで遊んでいた玩具《おもちゃ》の短刀のかわりに真剣を腰に差し、これにより、はじめて武士の資格が認められたのだ。

こうして「武門入り」の最初の儀式がとり行われた後は、その子は武士の身分を表す刀を携《たずさ》えずに屋敷の外へ出かけることはなかった。

もっとも、日常生活では、ふつうは銀塗りの木刀で代用し、それから数年後には、たとえ鈍刀であっても真剣を腰に差すようになる。そして、まがいものの刀は捨てられ、新しく得た刀の刃よりも鋭い喜びをもって、戸外へ出ては、木や石を相手にその刀の切れ味を試すようになるのだった。

大小二本の刀は、それぞれ大刀と小刀、もしくは刀と脇差と呼ばれ、いかなる時でも身辺から離れることはなく、屋敷にいるときは、書院か客間のもっとも目につきやすい場所に置かれ、夜はすぐに手の届く枕元に置かれた。

このように、刀はその持ち主の不変の伴侶として愛され、愛情のこもった名前が付けられた。こうして敬愛されて、ほとんど崇拝といえるほど尊ばれたのである。

新渡戸稲造は『武士道』で、武士が簡単に刀を抜くのを認めていたかというと、「断じて『否《ノー》』」と書いている。わたしもなるほどと思った。〝崇拝の対象〟の刀であればこそ、軽々しく抜けなくなるのかもしれない。

以前、

「剣道はスポーツじゃない、武道なんだ」

と岡田範士は教えてくれた。

「じゃ、武道とは何だということになるな。まあ日本固有の武術だが、わたしに言わせると武道は〝武士の掟〟なんだ。武術でもない、武道は気高い武士の守るべき道だ。それが剣道の精神でもある」

そのときの岡田範士の声はやさしかったが、表情は厳しかったのを覚えている。

今日の岡田範士は、剣道上達について、さらにこんなことをみんなに教えてくれた。

「あー、それと強くなりたかったら、自分の頭で考えるんだ。先生がこう言うからそれでいい、となっていたら人より強くなれんだろう。みんな同じようにやってるからだ。思考停止の状態で稽古して技量は上がっても、試合は何が起こるかわからん。臨機応変に技を出すには、常に自分の頭で考える癖をつけにゃイカン」

岡田範士の言葉はいちいちわたしの胸に突き刺さる。

「あー、それとな、試合で負けたくないと思えば、練習するしかない。『勝《かち》に不思議の勝あり、負《まけ》に不思議の負なし』という言葉の意味はそれだ。たまたま勝つことはあっても、負けるときは弱いから負ける。それをよく覚えておくこと。で、この言葉、誰が言った言葉か知っている者はおるか？」

するとと男子部員のなかからひとり、手が挙がった。

「よし、言ってみなさい」

と岡田範士がうながすと、

「野球の野村監督です」

と野球好きの倉沢雄吾《くらさわゆうご》が答えた。

「うん、それも間違いではないが、出処《でどころ》は肥前平戸《ひぜんひらど》藩の九代目藩主松浦静山《まつらせいざん》だよ。武芸好きの藩主として有名で、自分の書物『剣談』に書いた言葉なんだ。野村監督はどこかでこの言葉を目にしたんだろう。勝ちに時の運はあっても、負けは実力がたりんからだぞ。よく覚えておくといい言葉だな。よし。今日はこれで終わり」

岡田範士は、いつも剣道をする心構えや考え方を指導してくれる。横手中の剣道部員は誰でも剣道が強くなることを目標にしているけれど、岡田範士は「どうしたら強くなれるか」ということはもちろんだけど、同時に「強くなることの意味」も教えてくれる。

いくら強くても、人として欠けたところがあれば、武道としての剣道をする意味がない。男子のなかにはけんかに勝つため武道を習う人もいるが、「それって、違うなぁ」と思うわたしがいる。

わたしが剣道を始めて、小学生以来の友人から言われたいちばんうれしい褒め言葉は、

「精神力が強くなったじゃん」

である。そういえば、剣道を始めてから、人前で弱音を吐くことはまずないし、クラスでも率先して前向きな発言をするようになったことを自覚している。

岡田範士のことばで、『武士道』のこんな一節を思い出させる部分があった。

たとえばエアバーやスタインウェイという最高の職人がつくりあげたピアノであっても、名演奏家の手を借りずに、リストのラプソディーやベートーベンのソナタが見事に演奏されることはあるまい。

あるいは、もし銃が戦争の勝利をもたらすというのなら、なぜルイ・ナポレオンはミトラィユーズ式機関銃でプロイセン軍を撃破できなかったのか。またモーゼル銃で武装したスペイン軍が、なぜ旧式の武器のレミント

ン銃で武装したにすぎないフィリピン人に勝てなかったのか。

言い古した言葉を改めて言うまでもなく、人間に活力をもたらすものは精神である。精神がなければ、最良の装備もほとんど役に立たないし、最新式の銃も大砲も、みずから発射することはないのだ。もっとも近代的な教育制度といっても、臆病者を英雄にすることはできない。


実際のところ、自分では精神力が強いかどうか判断しにくいものだが、お母さんがこの前、こんなことを言っていた。

「お母さんが、バレーボールをやってよかった〜っていちばん思ったのはどんなことだと思う？　先輩や後輩もいれば同期もいるし、教えてくださる先生もいる。お母さんは中学でも高校でも三年生のときはキャプテンをしていたから、あれこれ気をつかわされて、すごくしんどかったこともあった。でも振り返ると、気持ちの面で強くなったこともたしかね。へこたれなくなったって言えばいいかな。そういう意味で、芙蓉もいま、すごくいい経験していると思うよ」

部活で疲れて帰ってきた日のことだった。食欲がないときに、お母さんがわたしの顔色を見て話してくれたのだ。いつの日かわたしも自分の子どもにそんな声をかけることがあるのだろうか。ふとそんなことを思った自分にびっくりした。

第14章　女性も大切なものは自分で守る

おじいちゃんが亡くなった。七七歳だった。死因はすい臓がん。定期健診で発見されたときはステージⅣで手遅れだった。それからたった一ヵ月も生きられなかった。だから病気が発覚してから、わたしは入院しているおじいちゃんのところへ、数回しかお見舞いに行けなかった。

病室は個室だったので、気兼ねすることはなかったが、おばあちゃんは、

「若い娘がそうそう来る場所じゃないし、病院はウイルスも多いから」

と言ってしきりに反対した。でもわたしはあまり気にせずお見舞いに行った。おじいちゃんは口ではおばあちゃんと同じようなことを言ったが、わたしが行けばすごくうれしそうに迎えてくれた。

学校の帰りに寄れるので、四回はお見舞いに行った。その間、いままでお父さんや

お母さんが知らなかったことまで、おじいちゃん、おばあちゃんから聞くことができた。

二度目にお見舞いに行ったとき、おじいちゃんは検査で病室にいなかった。おばあちゃんは、黄色いバラの絵がかけてある日当たりのいい病室で、折り畳みの椅子に腰かけていた。

おじいちゃんの具合を聞いたあと、わたしはなんの気なしに、

「おばあちゃんは、学生時代に何かスポーツをしたことあるの？」

と聞いてみた。するとおばあちゃんは一瞬はっとしたような顔をしてから、

「うん、そうだね。スポーツとは少しちがうけど、三年間ほど薙刀《なぎなた》をしたことがあるよ」

と言った。わたしはやっぱり、という気がした。

というのは、おばあちゃんはこの年の人にしては体も大きく、骨格もがっちりしている。おじいちゃんと背格好はほとんど変わらない。そのうえ体の動きが年の割にいつもきびきびして、背筋もピンと伸びている。だから若いとき何かスポーツをしていたのではと思ったのだ。

「へえ、薙刀ってめずらしいね」

「そうね、でもおばあちゃんが若い頃は女子学習院では習う人が多かったよ」

「そういえば、おばあちゃんは女子学習院だったね」

「結婚は二〇歳だったから、もうあれから五〇年は経つんだね。早いものだね」とおばあちゃんは何かを思い出すような目をしていた。

「おじいちゃんとどうして知り合ったの？」

「それはね、わたしの父親とおじいちゃんの父親が同郷で、昔からの知り合いだったんだよ。わたしの父親のほうが乗り気で、おじいちゃんの家に話をもちかけたのよ」

「そうなの。そうするとおじいちゃんとは七つ違いだから、おじいちゃんは二七歳というわけか、ふーん」

　そんな話をしていると、おじいちゃんが検査から帰ってきたので、そこで話は終わってしまった。この話の続きは、おじいちゃんが別の日にしてくれたが、ちょっと驚きの内容だった。

　その日はおばあちゃんが用事で病院に来られず、わたしはお母さんとふたりで病院に向かった。お母さんは担当の先生に話があると言って、すぐ病室を出ていった。

「この前、おばあちゃんから聞いたんだけど、おばあちゃんって女子学習院で薙刀を習っていたんだって。おじいちゃん知ってた？」

その頃、おじいちゃんはまだ抗がん剤治療もしていなかったので、とくに体が痛んだり吐き気がしたりするわけでもなく、ふつうの人と変わらなかった。なんでも食べるし話もよくしてくれた。

「それは知ってたよ。でもおじいちゃんと結婚してからピタリとやめてしまってね。おじいちゃんは、それまで八年も続けてきたんだから続ければいいとすすめたんだが、絹代《きぬよ》はさっさと薙刀も防具も処分してしまったんだ」

おじいちゃんはおばあちゃんのことを絹代と呼んでいた。

「えー、おばあちゃんは女子学習院時代だけのようなことを言ってたけど」

「あぁ、そうかい。それは違うな。自分が薙刀に打ちこんだことは、おじいちゃん以外には知られたくなかったんだろう。結婚前は一生やるつもりでいたらしい。絹代は薙刀の園部《そのべ》秀雄《ひでお》に憧れていたんだよ」

「なあに、そのソノベヒデオって人？　男も薙刀をするの？」

「ハハ、そうだね。男名前の女性武道家なんだ。秀雄というのは、男より秀《ひい》でている者という意味だ。武芸の師匠が付けた。幼名は〝たりた〟といって、六女なので親はこんな名前を付けたようだ。昭和三十八年に九三歳で亡くなったが、天下無双の腕前だったんだ。なかでも明治期に、新選組も恐れた渡辺昇《わたなべのぼる》という剣道家と試合をして、脛《すね》を払い戦意喪失させた試合は有名なんだよ。そのとき秀雄二九歳、渡辺六一歳だった。

生涯三〇〇試合以上、名だたる剣術士、槍術士《そうじゅつし》と試合をして、二回しか負けたことがないらしい。絹代が薙刀を習っていた頃、秀雄はまだ生きていたし、その昔には女子学習院でも教えていたんだ。

武術と生活を切り離してはいけない、という考えの持ち主だから、絹代はそのあたりにも共鳴したんだろう。とにかく秀雄は家事も手を抜かず熱心にやったらしい」

「じゃあ、おばあちゃんも相当な腕前だったかもしれないね」

「そうだろうな、おじいちゃんも剣道四段だから、一度手合わせをすれば絹代の技量もわかっただろうけど、ついにその機会はなかったね」

「なんで、八年も続けた薙刀をやめてしまったのかなあ」

「そこなんだけど、話せば長くなるし、芙蓉に話すのはどうかなと思うが……おじいちゃんは芙蓉をもう大人だと思うから、話してみようか」

「わあ、聞かせて！」

わたしが目を輝かせると、おじいちゃんも話す決心がついたようだった。

「結婚の話が決まる頃、おじいちゃんには好きな娘がいたんだよ。二歳下の同じ会社に勤める娘で、将来を約束してもいいと思っていた。

ところが同じ会津《あいづ》出身の知人から父へ、娘が適齢期なのでどうかという話が舞いこんできた。その娘が絹代だったんだ。わたしのことを相手はよく知っていた。有名大学を出て大手商社に勤めているし、父も堅い人間なので見込まれたらしい。父にしてみれば相手は会津藩の元家老の流れをくむ家だ。うちは先祖が足軽だから、これはまたとない縁談と思えたのだろう。

父は、わたしがどんな娘と付き合っているかはどうでもいい。こんないい話はないからと強引に話をまとめようとする。おじいちゃんは悩んだよ。ロミオとジュリエットのロミオの心境だ。家をとるか好きな娘をとるか。で、決断した。古くさいが、貧しい家計で大学まで出してくれた親への恩を返そうと思ったんだ。

そんなわけで、縁談の話が進んでもおじいちゃんは少しもうれしくなかった。するとそれが絹代にもわかったんだろう。わたしを自分に振り向かせるには徹底的に尽くすしかないと考えたに違いない。だから、生涯をかけようとした薙刀も棄《す》てたんじゃないかと思う」

「へえ、そんなことがあったんだ。そんなにおばあちゃんは一途《いちず》だったんだね。そういえば、『武士道』にもそんな記述があったね」

おじいちゃんはベッド脇のサイドテーブルの扉を開けて、家から持ってきていた『武士道』を取り出した。

「そうだな」

と言いながら、いくつかのページを指さした。


武士道もまた同様に、「女性の弱さからみずからを解き放ち、もっとも強くて勇敢な男性にけっして劣らない、英雄的な不屈の精神を示す」女性を称えた。そのために少女の頃から、感情を抑制し、神経を鍛え、武器、とくに薙刀という長い柄《え》の刀を用いて、不慮の事態が生じたら、みずからの身を守れるように稽古をした。

しかし、この武芸の稽古の主な目的は戦場で用いるためではなく、むしろ自分自身と家庭を護るためであった。女性は自分の主君を持たなかったので、自分で自分の身を護った。女性は夫が主君を護るのと同じくらいの熱意で、みずからの尊厳を、みずからの武器で護ったのである。

女性教育でもっとも重要なことは、家を治めることであった。（中略）こうして彼女たちは、幼いときから自分を空《むな》しくすることを教えられたので、その一生は独り立ちしたものではなく、従属的な奉仕の生涯であった。その存在が夫の助けとなるならば、妻は夫と同じ舞台に上がり、夫の仕事の妨げになるならば、幕の後ろに退くのである。

「これって、意味はよくわかるんだけど、でも女は結婚したら夫に尽くしなさいと言ってるような気もして、ちょっと納得できないところもある」

「ハハ、現代の考え方だと、そうもとれるね。女性の美徳は家庭を守ることと受け取れるからね。でも、じゃあ、そうすると絹代の一生は不幸だったかな？」

「そんなことはないよ。おばあちゃんを見ていると幸せそうに見えるよ」

「そこなんだ。絹代はおじいちゃんと結婚した結果、自分のやりたいことのひとつを棄ててしまったが、もうひとつの家庭を守り、子どもを立派に育てるということは完璧にやっているからね。『武士道』に書いてある男らしさや女らしさは現代の考え方とは違うけれど、決して女性を貶《おとし》めていたわけではないと、わたしは思うんだ」

「そうだね、女の人が活躍する場所が家庭と決められていただけで、やっていることは男の人と同じだね。おばあちゃんも、家を守るってことを誰かに言われてやったわけじゃなく、自分で決めてやったんだなって思うよ」

「絹代はすごいな、と思ったことがある。おじいちゃんは情けないことに、絹代には出張と偽って結婚後も縁の切れなかった娘と土曜の午後から日曜にかけて、温泉に行ったことがある。するとその晩、家に会社の同僚から急用と言って電話があった。携帯なんてなかった時代だからね。

そのとき、絹代はピンときて、相手に上手に話を合わせて、翌日、おじいちゃんが帰宅すると会社から急ぎの電話があったことを伝えた。だが、ひとことも非難めいたことは言わない。これは応《こた》えた。会社の娘も適齢期を過ぎかかっているし、絹代にも申し訳ないので、その娘とは縁を切って家庭を大事にするようにしたんだ」

おじいちゃんは結婚当初の夫婦のことを淡々と話してくれた。わたしはこんな微妙なことを、孫に率直に話すおじいちゃんを立派だなと思った。自分も大人になったような気がした。

おじいちゃんの病気に障《さわ》るといけないので、その日はそれで帰った。

家で晩ご飯を食べながら、お母さんと最近は早く帰ることの多いお父さんに、病室でおじいちゃんから聞いた話をした。ふたりは目を丸くして驚いた。ふたりとも、そんな話は初耳だったらしい。子どもがそんな話をして叱られるかなと思ったが、とくに何も言われなかった。お父さんもお母さんも、わたしを大人扱いして聞いてくれたのがうれしかった。

すると、お母さんがおじいちゃんの病状に関して、病院で聞いた話を報告した。主治医との面談で、おじいちゃんはもう半月も生きられないと告げられたのだという。年齢の割にはめずらしいそうだが、がんの進行がすごく速い。手の打ちようがなく、今後は痛みの緩和ケアしかない。それでほかの病院に移ってほしいとのことだが、お母さんはもう長くないのだったら、なんとか最後までこの病院で診てほしいと頑張ったそうだ。病院も病院だと、その思いやりのなさを嘆いていた。

そんな話をお母さんがしていると、急にお父さんが声を上げて泣きはじめた。顔を赤くして太い血管が浮き出ている大きな手で顔を覆いながら泣いている。グーグッと喉《のど》を詰まらせ、家族の前で泣くお父さんをはじめて見た。リビングのテレビではバラエティ番組のタレントが大声で笑っていた。

「お父さん、もう泣かないで」

と言いながら、わたしもお母さんも涙を抑えられず、結局いっしょになって泣いてしまった。しばらくして人の気配がしたので後ろを振り向くと、櫂が呆然とした表情で立っていた。

第15章　強さとは、むやみに力を振るわないこと

ひょっとしたらおじいちゃんと、ちゃんとした会話をするのは今日が最後かもしれないと思った。病室にはおばあちゃんが付き添っていた。わたしたち家族四人が部屋に入ると椅子がたりなかったので、わたしと櫂はベッドに腰かけた。お父さんとお母さんは二人掛けのソファに座った。

お母さんの話では、おじいちゃん自身、もう長く生きられないことはよくわかっているという。「だけどそういう話は禁物だからね」と、わたしと櫂は事前に言いふくめられていた。でもおじいちゃんのことだから、自分からそんな話をするのではないだろうか。きょう家族みんなに病院へ来てほしいと言い出したのは、めずらしくおじいちゃんからだった。

おじいちゃんはわたしたちの顔を見ると、

「耀も芙蓉もよく来たね。日曜日なのに悪かったな」

と気を使ってくれた。

「おじいちゃん元気そうだね」

耀はそんなことを言いながら、なんとなくきまり悪そうにしている。

「耀ちゃん、ジュースあるけど飲む？」

おばあちゃんが気をきかせると、耀はうなずいた。

「お父さん、起き上がってちゃだめだろう。横になって話したほうがいいんじゃないか」

とお父さんが言うと、おじいちゃんは血の気のなくなった顔で、

「重症患者扱いしないでくれよ」

と言いながら弱々しくほほえんだ。

話はおじいちゃんの遺産相続の件がほとんどで、三〇分ほどで済んだ。でもこういう話だけならわざわざ家族全員を病室に呼ぶこともないはずだ。じつはこのとき、おじいちゃんは自分の死期を悟ってみんなを呼んだことがあとでわかった。入院以来つけていた、おじいちゃんの日記にそう書いてあったのを、おじいちゃんが亡くなった

あとに見つけたのだ。

「耀も中学校に入ったら何かひとつスポーツをしたらいい。勉強だけじゃダメだ。おじいちゃんもお父さんも芙蓉も剣道をしてきたから、どうだ、剣道は。根性もつくしな」

おじいちゃんにしてはめずらしく、決めつけるような言い方をした。耀は何か感じたのか、

「うん」

と素直にうなずいた。おじいちゃんはうれしそうだった。今度はわたしの番かなと思った瞬間、わたしはうっかり、おじいちゃんの病気がわかってから思っていたことを、ぽろっと聞いてしまった。お母さんからその話題には触れてはいけないと言われていたのに。

「おじいちゃん、怖くないの？」

と。

「何がだい？　死ぬことかい」

お母さんがあわてたような顔をして、わたしを睨んだ。おじいちゃんは、お母さん

に一瞬おだやかな目を向けて、答えてくれた。

「おじいちゃんは、がんでよかったと思っているんだよ。怖いと思ったことはない。みんなも見舞いに来てくれるし、いろいろ大事な話もできた。これが交通事故だったら、死んだ人も残された家族もかわいそうじゃないか。……まあでも、もう少し、櫂や芙蓉の将来を見届けたかったという思いはあるかな」

するとおばあちゃんが口をはさんだ。

「それはそうね。わたしはおじいちゃんにもっともっと長生きしてほしいけど、これればかりは自分が決められることではないから」

「そうだよ。良寛和尚《りょうかんおしょう》も〝災難に逢ふ時節には災難に逢ふがよく候〟と言っている。なんでわたしだけが、というのはよくない。自分で自分を苦しめることになるからね。だからおじいちゃんは病気のことでは誰を恨むこともない。自分の状況をあるがまま受け入れることにしている」

潔いなと思った。わたしはまだ一四歳で、本当のおじいちゃんの気持ちはわからないが、もうすぐ死ぬ人の言葉とは思えなかった。わたしはもうひとつ聞きたいことがあったので、この際だからと思い、聞いてみた。

「おじいちゃん、剣の極意がわかったと思ったことがある？」

おじいちゃんはびっくりした顔をしたが、ひと呼吸おいて、答えてくれた。

「それはなかったね。それを会得したならおじいちゃんは〝剣聖〟と呼ばれていただろうね。ハハハ」

するとおばあちゃんが、おじいちゃんに同調してこんなことを言った。

「芙蓉ちゃん、薙刀は刀に比べると有利なの。だって刀の倍以上長いから、広い場所で試合すれば男の剣士にもそう簡単に負けないのよ。でも、弱点もあるの。例えば狭い部屋では、薙刀を存分に振るうことはできない。長所が短所に変わってしまう。だったらどうしたらいいと思う？　そういう狭い部屋に誘いこまれないように用心すればいいのね。だから、剣の道は技だけではなくて頭もいるのよ」

「ほう、絹代がそういうことを話すのをはじめて聞いたな」

おじいちゃんも驚いていたけど、お父さんもお母さんと顔を見合わせていた。櫂はなぜおばあちゃんがそんなことを言うのかわからず、狐につままれたような顔をしていた。

「昔、一度こんなことがあった。道場で稽古が終わって大出範士《おおいで》が道場生たちと車座になって談笑していたんだ。わたしが大出範士の後ろにまわったとき、竹刀の柄に手を当てて、気合を込めていると範士がふと振り返った。『前田、そこに突っ立って何しているんだ』と聞かれたから、『はあ、すみません。もしいま、範士に真剣で斬りかかったら範士は躱《かわ》すことができるだろうかと考えておりました』と答えたのさ。そうしたら、範士は即座に『躱せるわけはないよ。斬ったら斬られたの昔ならいざ知らず、少しの危険もない時代に危機察知能力は磨かれない』と答えてくれた。そういう意味でも、いま剣の極意を究《きわ》めるのは至難のことなんだね」

この言葉にはお父さんも大きくうなずいていた。

「なんであれ〝極意〟というのは一朝一夕《いっちょういっせき》で身につくものではないだろう。剣道の道歌に〝極意とはおのが睫《まつげ》の如くにて近くあれども見つけざりけり〟とある」

「でもな、わたしは剣の極意は剣を抜かないことではないか、と思うことがある。勝《かつ》海舟《かいしゅう》は旧幕時代の一時期、国政に与《あずか》って大きな政治的権力を持っていた。だから反対勢力から何度も命を狙われた。『武士道』も『海舟座談』から彼の言葉を引用しているだろう。芙蓉、覚えているかな？」

おじいちゃんはおばあちゃんから『武士道』を受け取って、ゆっくりページをめくった。

「私は人を殺すのが大嫌いで、一人でも殺したものはないよ。みんな逃して、殺すべきものでも、マアマアと言って放って置いた。それは河上彦斎《かわかみげんさい》が教えてくれた。

『あなたは、人を殺しなさらぬが、それはいけません。南瓜《かぼちゃ》でも茄子《なす》でも、あなたは、取ってお上《あが》んなさるだろう。あいつらは、そんなものです』と言った。それは、ヒドイ奴だったよ。しかし、河上は殺されたよ。

私が殺されなかったのは、無辜《むこ》を殺さなかった故かもしれんよ。刀でも、ひどく丈夫に結《ゆわ》えて、決して抜けないようにしてあった。人に斬られても、こちらは斬らぬという覚悟だった。

ナニ蚤《のみ》や虱《しらみ》だと思えばいいのさ。肩につかまって、チクリチクリと刺しても、ただ痒《かゆ》いだけだ。生命には関わりはしないよ」

※無辜＝無実の人

わたしはおじいちゃんの引用を聞いて、矛盾があると思った。剣の極意が剣を抜かないことにあるなら、剣を習う意味がないのではないか。それをおじいちゃんにぶつけると、おじいちゃんはわかりやすく答えてくれた。

「そうだね、そう考えるのも無理はない。剣は人を斬るためにあるのか、それともわが身を守るためにあるのか、その論議はさておき、剣は危険だからその取り扱いを習うのだよ。子どもに持たせたら誰でも危ないと思うだろう。では取り扱いを習得したらどうするか。その恐ろしい武器としての性能をむやみに発揮させてはいけないから、剣を持つ剣客の人間性を高めなければいけない。行き着く先は、簡単に剣は抜けなくなるということになる。

江戸幕府の兵法指南役の柳生宗矩《やぎゅうむねのり》は『人に勝つ道は知らず、我に勝つ道を知りたり』と言っている。それも極意だ。また『武士道』には〝武士道の究極の理想は平和であった〟とある。このくらいでいいかい」

お父さんはそれを聞いて、

「たしかに戦国時代でも、最善の勝利は、調略《ちょうりゃく》（はかりごとをめぐらす計画）で相手の城を落とすことと考えていた武将はいるものな」

とうなずいた。

幕末に江戸城を無血開城して、戦火の海にしなかったのは勝海舟の力、と教科書にはあった。そうか、だから勝海舟はえらいのかな。剣を持っているのに、その力に訴えず、世の中を変えようとした。

おじいちゃんとお父さんの話を聞いて、そんなエピソードを思いうかべた。いまの時代も、すべてが話し合いで解決するようになったら、どんなに世界は平和になるのだろうか。

名残《なごり》は尽きなかったが、お母さんが、

「さあ、もう帰りましょう。また来ましょう」

と言うので帰ることになった。おじいちゃんはベッドの上から見送ってくれた。

「じゃあ、おじいちゃんまた来るね」

とわたしが挨拶すると、おじいちゃんはほほえみながら、

「『武士道』を芙蓉といっしょに勉強できたことは、本当に楽しかったしうれしかっ

た。これからどんな苦しいことがあっても、自分に負けるな」

と言ってくれた。続いてお母さんにも、

「これから櫂にはまだまだ手がかかるから大変だろう。よく家庭を護ってくれてありがとう。絹代のことも頼むよ」

とねぎらい、櫂にはやさしく、お父さんには自分の責任を果たすように声をかけた。

わたしたち家族四人は、お見舞いに行ったというより、最後はピンと背筋の伸びた武士のようなおじいちゃんに励まされて病室を出た。病院の庭にはアガパンサスの白と青の花が並んで咲いていた。

その三日後、おじいちゃんは亡くなった。

第16章　人を赦せる心のゆとりと忍耐をもつ

おじいちゃんの葬儀を終えると、神奈川県中学校総合体育大会が半月後に迫っていた。中学総体は例年七月末日前後の二日間行われることが多い。剣道部の練習もすごい熱気を帯びてきた。居残りをしていつまでも素振りをしていて、ほかの先生から注意される部員もいる。

そんなとき、わたしは白川先生から、部活終了後に職員室へ来るように言われた。いったいなんの話だろう。ふつうは何か話があれば格技場で話すのに、わざわざ職員室まで呼び出されるのははじめてだった。防具や竹刀を片付けて制服に着替え、職員室へ行くと、白川先生が待っていた。

「やあ、前田、わざわざ呼び出して悪いな。ところで突然なんだが、明日から何日か部活を休んでもらいたいんだ。家で自主練として、素振りや体幹トレーニング、走りこみをしてほしい」

あまりに思ってもみなかったことなので、わたしは混乱した。

「え!?　どういうことですか。もう総体まで時間がありません。いま休むのは不安です。それに、部長であるわたしがいま休んだら、部としての士気も下がってしまいませんか。わたし、何かいけないことをしたんでしょうか」

思わずそう言い返すと、先生は本当に困った顔をした。

「みんなには先生からうまく説明しておくから、そこは心配しないで。いま、ここでは言えないことがあるんだ。明日の昼間、おうちの人は家にいるか？」

「はい、母が家にいます」

「わかった。明日お母さんに詳しく話すから、前田はみんなに遅れないように少しの間、家で練習しなさい」

まったく納得できなかったが、何か事情があるのだろうと思うしかなかった。女子部員の誰かが白川先生にわたしのことで苦情を訴えたのだろうか。思い当たることはないが、だからといって部員からの不満がないとも言いきれない。そう考えた途端、息苦しくなって、胸が締めつけられるような感じがした。……だったら、わたしに直接言ってくれればいいのに。

家でお母さんに白川先生の伝言を話すと、お母さんはわたし以上に驚いていた。これまで学校から注意されたこともない娘が、はじめてそんなことを言われたものだから、余計お母さんは心配してしまったようだ。晩ご飯のときにお父さんに同じ話をくり返ししては、気をもんでいた。

翌日、部活をしないで帰ると、いきなりお母さんから聞かれた。

「芙蓉、あなた、柔道部の小島《こじま》君と付き合っているの？」

「付き合ってなんかないよ」

「でも、そういうことを言う人がいるから聞いているのよ」

「はぁ？　誰がそんなことを？　それにどうしてお母さんがそんなこと知ってるの？」

「そうね」

と言って、お母さんは予想もしなかったことを話し出した。

「きょう、白川先生からお昼に電話が来たの。先生のお話には、お母さんも心底びっくりしたのよ。というのは、三年四組の尾花芽久《おばなめぐ》って子を知っているでしょう。その子が芙蓉と体育館の裏で小島君のことを巡って口論になり、竹刀でひざの下を強く叩かれて打撲したって訴えが、学校にあったらしいの」

「えー、何それ！　そんなことあるわけないじゃん!!　第一、芽久となんの話もしてないんだけど」

「うーん、そうよねえ。驚いたのはお母さんも同じだけど、白川先生がおっしゃるには、尾花さんのお母さんの電話では『打撲一〇日間の治療を要す』というような診断書もとってあるらしいの。白川先生としても中学総体を間近に控えてのトラブルは、教育委員会や剣道部の県事務局の耳に入れば大ごとになりかねないから、まずお母さんに電話してきたわけなの」

「そんなぁ、わたし、これまで芽久とほとんど話したこともないよ。そんな子になんでいきなり暴力を振るわなきゃいけないの。意味わかんない。だいたい、竹刀で無防備の相手を傷つけたら、この先剣道をやっていくことなんてできなくなるじゃん。白川先生だって、ひとことわたしに聞いてくれればすぐわかるはずなのに」

「そこは先生も芙蓉に気を使ってくださったのよ。先生は芙蓉のことはすごく信用しているから。学校でそんな話をしたら、いろいろ差しさわりもあるし、芙蓉のショックも大きいだろうからって、まずお母さんに話してくれたの。芙蓉に部活を休ませるのも、柔道部の顧問の先生と話し合って決めたんだって」

「どうしてそこに柔道部の先生が出てくるの？」

「小島君は柔道部の部長でしょ。格技場で練習場は隣り合わせで、柔道部員と剣道部員は話をすることはあるでしょう？　どうやら先生方は、どうしてこんな話が出てきたか薄々感づいているらしいの」

「小島となら何回か話くらいはしたことあるけど」

と言うと、お母さんはさらに驚くようなことを言い出した。小島は一週間くらい前、尾花芽久から告白されたのだそうだ。ただ小島とすれば、髪を茶髪にして伊勢佐木町《いせさきちょう》あたりで放課後に遊んでいる芽久は自分からは遠い存在で、付き合う気持ちはまったくないので断った。だけどその口実として、なぜかわたしと付き合っているからと言ったらしい。それを芽久は逆恨みしたようだ。

「白川先生もすごく困っていて、尾花さんのお母さんに昨晩電話したらしいけど、向こうは向こうで娘の言い分を信じ切っているから、ちょっと話にならずこじれかかっているんだって」

それを聞いて、わたしはうんざりしてしまった。小島は芽久のことを、部員仲間におもしろがってペラペラしゃべったのに違いない。柔道部の顧問の先生はそれを耳にして、白川先生から相談されたとき、この話には裏があると思って話したのだろう。逆恨みする芽久も芽久だし、小島もデリカシーがなさすぎだ。そして、この試合前の大事な時期に、なぜそんなごたごたにわたしが巻きこまれなきゃいけないんだろう。

お父さんが帰ってきたので、お母さんは白川先生から聞いたことを全部話して、どうしたらいいか相談している。お父さんはご飯を食べながら、

「その女の子に問題があって、芙蓉は完全に潔白なんだから、お母さんが相手の親に直接電話して誣告罪《ぶこくざい》で訴えます、と言ってやればいい」

と憮然《ぶぜん》とした表情でお母さんに話している。お母さんは、

「そこまで言ったほうがいい……？」

と迷っているようだ。

「ブコクザイってなあに？」

とお父さんに聞くと、お父さんはちょっと得意そうに説明してくれた。お父さんは、法学部出身なのだ。

「ああ、これはいまは、虚偽告訴罪といって、人を困らせようとか刑事罰を与えよう

として嘘の告発をすることなんだよ。もしわざとそんなことをすれば、三ヵ月以上一〇年以下の懲役になるから、案外重い罪なんだ。どうも一〇代の若い人にこういうことをする傾向があるようだ」

「へえ、そうなんだ」

するとお父さんは、

「虚偽告訴には性犯罪がらみが多いけど、お父さんにはこんな経験がある」

と昔話を始めた。

お父さんが学生の頃、お友だちに二〇歳のスタイリストがいたのだが、ある日彼女から深刻なトラブルを相談された。というのは彼女があるファッションショーの楽屋で忙しくしていたところ、一〇代のモデルが騒ぎはじめた。

「このテーブルの上に置いてあったロレックスの腕時計がない。さっきここに置くから見ておいてとあんたに言ったわよね！」

と突然彼女を非難しはじめた。彼女は、ほかのモデルの着付けを手伝いながらごった返す控室で、そういえばそんなこと言われたかもしれないと思ったそうだ。

するとと翌日、若いモデルの彼氏と名乗る男が電話をしてきた。

「あの時計は中古でも五〇万円以上する。せめて三〇万円でいいから弁償してほしい」

と強い口調で迫る。困った彼女はどうしたらいいかお父さんに相談したのだ。

お父さんは法律知識を生かして彼女にアドバイスした。

「たとえ相手の話が真実でも、君は仕事で時計を預かってお金をもらっているのではないから弁償する義務はない。だが、この話にはどうも不審なところがある。だから相手には、警察にまず盗難届を出してください、そのあとは知り合いの弁護士さんが対応します、もし嘘だったらあなたは誣告罪に問われます、と言えばいいよ」

と。

そうしたらそれっきり相手は何も言ってこなかったのだそうだ。

「世間には、人を陥《おとし》れても自分の利益を得ようと考える人間がいるんだ」

とお父さんは締めくくった。

するとお母さんが口をはさんだ。

「お父さん、やはりこういうことは白川先生を通じて反論してもらうほうがいいんじゃないかしら。わたしが直接電話すると、向こうも引くに引けなくなって感情的になるかもしれないから」

「そうだね、でも虚偽告訴罪で訴える用意があるくらいは、先生に伝えておいたほうがいい。そうすれば向こうも、子どもに再度話を聞くだろう」

わたしには、なんでこんなに面倒な話になってしまうのかわからない。でもこの話がこじれれば、自分だけが総体に出られないばかりか、部が活動休止になってしまうかもしれない。そうなればこの一年間のみんなの努力が水の泡になる。そう考えると絶望的な気分になった。お母さんと白川先生になんとかしてもらうしかない。

翌日、学校から帰宅するとお母さんがニコニコして、

「芙蓉、すっかり解決したわ」

と言った。わたしが学校に行ったあと、お母さんは白川先生に電話をして、昨晩お父さんと話し合ったとおり、尾花家には法的解決も辞さないとはっきり伝えてくださいと言った。すると白川先生も踏ん切りがついたらしく、芽久のお母さんにそう伝えると約束した。

芽久のお母さんは、学校を休んで家にいた芽久をさらに問いただしてみたら、芽久

は、

「ごめんなさい、あの傷は駅の階段で転んでひざをぶつけてできたものなの」

と泣きながら謝ったという。

つまり、病院で診断書をもらったのも、嫉妬心からわたしを困らせようとして思いついたらしい。芽久のお母さんはわたしの家に電話をかけてきて、うちのお母さんに気の毒なくらい何度も謝罪した。

「まったく、人騒がせな子ね」

とお母さんはほっとしながらどこか愉快そうだったが、わたしはどこへこの怒りをぶつけていいかわからない気持ちだった。ちょっとした嘘が人の人生を狂わせることだってあるのに。

芽久は担任の先生や白川先生に叱られるだろうが、それで終わりではない。わたしのように傷つく人間がいることを知ってほしいと思った。

でも人を責めても前向きにはなれない。イライラしたとき、もやもやしたとき、わたしは『武士道』を開くのが癖になっていた。おじいちゃんならどう言ったかなとも考える。『武士道』にはこんなことが書いてあった。孟子《もうし》の言葉だ。

「些細なことで怒るのは君子の恥であって、大義のために憤《いきどお》る義憤は正当な怒りである」と説いている。（中略）

熊沢蕃山《くまざわばんざん》は「人は咎《とが》むとも咎めじ、人は怒るとも怒らじ、怒りと欲を棄ててこそ、常に心は楽しめり」と言っている。

もう一つの例を西郷隆盛《さいごうたかもり》の遺訓から引用しておこう。（中略）

「人を相手にせず、天を相手にせよ。天を相手にして己を尽して人を咎めず、我が誠の足らざるを尋ぬべし」（『西郷南洲遺訓』）

むやみに怒ってはだめ。忍耐が大事だ。……今回のことは、岡田範士が以前言っていた「人は自分を磨く砥石」と思えばいいか。

部活を三日も休んでしまった。たった三日離れただけなのに、なんだか懐かしくて、明日また部活に行けるのが楽しみだ。どんな顔をして出ればいいかは、少し迷うけれど、そんなことを言っているヒマはない。もう試合まで時間がないのだ。

第17章　現代に生きる武士道

ついに始まった神奈川県中学総体。一日目が個人戦、二日目が団体戦だ。

わたしは、女子個人戦準決勝戦で、堂上《どのうえ》中学校の大神摩耶《おおがみまや》に負けてしまった。摩耶は昨年の大会でも個人戦で優勝している。前に出て相手に圧力をかけつづける攻めの剣道をしていた。県内の中学生女子では敵なしと言われ、一六五センチと大柄で腕力もある。父親は警視庁の剣道師範で、全日本選手権も一度優勝している。その父親から手ほどきを受けている摩耶は、誰もが認める実力者だ。

これまでわたしは摩耶とは一度も手合わせをしたことはなかった。強気の白川先生は「ひょっとしたら今回の大会は前田にもチャンスはあるぞ」とわたしを激励してくれた。自分でも相当強くなったことは、他校との練習試合で感じていた。でも県の剣道関係者は大神摩耶は別格と位置づけしているようだった。

わたしの身長は一六〇センチだが、どんな体格の相手にも負けない〝小手〟の技術をもっていた。とくに下がりながら相手を呼びこみ、小手を打つことが得意だった。これはおじいちゃん直伝であり、部活でもそればかり練習をするのではダメと白川先生から注意されるほどだった。

でも決め技がなければ平凡な選手に終わってしまうと、おじいちゃんには口酸っぱく言われていたので、二年生になった頃から意識して小手にこだわってきた。家ではおじいちゃんがこれまで集めてきた剣道のビデオや八ミリビデオの映像を見せながら教えてくれた。とにかくくり返し稽古すること、手首と体幹を鍛え、瞬発力を養成することを心がけた。

個人戦では五人と戦い、ほぼパーフェクトで勝ち上がった。一本だけ取られた相手は準々決勝の小川萌《おがわもえ》だけで、これも面を一本決めて、こうなれば小手で勝ちたいと欲を出した結果、相手にそれを見透かされて抜き技の面を決められてしまった。

そこでわたしはハッと気づいた。慢心してはいけない。ここまで勝ち上がってくる相手はそれでなくとも強いのだ。もう何も考えずにいこうと考えた瞬間、小手を警戒する小川萌の右胴を払っていた。自分でも驚くほど見事な一本だった。

会場で固唾《かたず》を呑んで見守る部員や観衆から、これまで聞いたことのない歓声が上がった。

お父さんお母さん、それに櫂とおばあちゃんも来ているはずだ。拍手とウォーという驚きの声も混ざって、なんとも言いようのない喜びの気持ちが湧きあがった。

準決勝まで、大神摩耶は誰にも一本もとられていなかった。すべて二対〇だった。

評判どおりの強さで、白川先生も「弱点の少ない子だ。中学生ではめずらしい」とつぶやいた。摩耶は面が得意なので、相打ち覚悟の返し技で面を狙う。そんな作戦を立てるしかなかった。勝てないと思えば負けだ。

しかし試合になるとやはり大神摩耶は隙がなかった。赤いたすきを付けた摩耶は、盛んに大きくまたは小さく面を狙ってくるが、とても返し技狙いではつけこむことはできず、防戦一方になっていた。

白川先生の「遠間《とおま》で様子をうかがって、隙を見て素早く近間《ちかま》に入って小手を狙え。チャンスはそんなに多くはない、一撃必殺だ」という事前のアドバイスも役に立たなかった。

だが、最初は余裕綽《しゃく》々《しゃく》だった摩耶も、試合が二分を過ぎる頃から焦りの表情になっていた。残り一分。摩耶はわたしと鍔迫り合いしていたが、目に落ち着きがないのがわかった。ひょっとしたらチャンスがあるかもしれないと思った途端、摩耶は引き面を打った。

当然わたしは相手の竹刀を面の高さで防御したので、摩耶は急ストップし、下から竹刀を入れて、気合鋭く「コテー」と会場をつんざく声で小手を決めにきた。ビシッとわたしの右手の小手布団に竹刀がしなった。主審、副審の赤旗が一斉に上がった。

「しまった」

という思いがわたしの胸いっぱいに広がった。余裕をなくしたわたしは時間まで何もできず終わることになった。蹲踞《そんきょ》して竹刀を収め、礼をして退場すると白川先生はいかにも残念そうな表情をしながら「前田、頑張ったな」と声をかけてくれた。

先生の期待に応えられなかったことが悔しかった。それに、二本とられて完敗、といった負け方ではなかったからだろうか。ここで勝って決勝に行ければ、負けても全国大会に進めたから余計に残念だった。わたしの目から涙があふれた。

わたしは負けて悔しい思いをしたことは数限りなくあるが、涙が出たのははじめてだった。でも、防具の面を外していなかったので誰にも気づかれなかったと思う。面をはずしながら手拭いで汗と涙を即座にぬぐった。部員は誰ひとり声をかけてこなかった。準決勝戦の重さをみんな感じていた。

でも、これで終わりではない。明日もある。団体戦がある。堂上中は団体戦では優勝候補筆頭だ。こうなれば何がなんでも決勝戦まで勝ちすすんで、もう一度大神摩耶と勝負するしかない。学校の名誉は団体戦にこそある。

個人戦の試合がすべて終わり、横手中の部員は手分けして会場のトイレに向かった。いつも学校でやっているように、トイレ掃除をするためだ。もう一班は、会場の後片付けに残った。持参した「マイ雑巾」でトイレの洗面台や鏡などをごしごし拭いているると、隣に来た京香が話しかけてきた。京香は相手の気持ちをよく考えないでしゃべることがある。

「惜しかったねえ。もうちょっとまで行ったんやけどな。相手が大神でも、やっぱ勝たなければなんもならんとちゃう？」

わたしはそのときふと、以前おじいちゃんに言われた言葉を思い出した。他校との練習試合で結果が出せなかったとき、不機嫌になっていたわたしを見て注意してくれたのだ。

「芙蓉、剣道の目指すところは勝ち負けではないぞ。竹刀を手に自分を創っていくものなんだ。だから試合の勝ち負けをいつまでも引きずってはいけない。それを糧《かて》とするんだ」

この言葉は、いまのわたしの慰めになった。

家ではお母さんがいちばん残念がっていた。

「きょうは芙蓉の好きなカツ丼よ。明日は勝つ！」

そんなダジャレを言いながらわたしを激励する。すると燿が、

「女子の今日優勝した人って、誰も勝てないほど強いの？」

とお父さんに聞いた。お父さんは燿にではなく、わたしに向かって話した。

「うん、あの子は強いね。ただね、剣道は一〇〇メートル走のようなタイムレースじゃなく、相手がいる。強い相手でも何かしら弱点はある。駆け引きもきく。もちろんその日の体調もあればプレッシャーもある。いろいろな要素があって試合はどう転ぶかわからない。それに相手も芙蓉も二段だ。そんなに差はないはずだ。これから試合を一〇回やって勝負を決めるわけではないから、次に戦えば芙蓉にもチャンスは必ずある」

さすがお父さん、と思って話を聞いた。明日は勝ち進めば、大神摩耶ともう一度試合するチャンスはある。そこで絶対やり返してみせる。そう考えるとふつふつと闘志が湧いてきた。

翌日は、試合場へ行く前、学校に集まることになっていた。朝早く出かけようとすると、まだ寝ている櫂以外の家族みんなが玄関まで送り出してくれた。お母さんがわたしに言った。

「今日も、お父さんたちとみんなでまた応援に行くからね。芙蓉もおじいちゃんのために頑張んなさい。そういう気持ちがあると通じるものよ」

「うん、わかった。岡田範士も『大きな試合があるときは誰かのために頑張るぞという気持ちは大事だ。それがあると不思議な力が湧いてくることがある』と言ってたことがある。よし、そうする」

そばにいたおばあちゃんがめずらしく口をはさんだ。

「勝負というのは、ときに心のあやなのね。勝つことにこだわると勝ちは逃げるの。でも負けまいという心が勝ちを呼びこむことも多いの」

するとお父さんが、

「ハハ、まるで禅問答だ」

と笑った。わたしもすぐには理解ができなかったが、おばあちゃんがそんなことを言ってくれるのははじめてなので、うれしかった。

学校では、白川先生がみんなに短い訓示をした。

「昨日は、あれだけ前田が頑張った。きょうは団体戦だ。今年のチームは強いぞ。みんな自信をもて。先生は負ける気がしない。こんなことは横手中学剣道部を創部して以来はじめてだ。この一年間の努力と精進は今日のためにある。勝つぞ、勝つぞ、勝つぞ！」

とこぶしを頭上に突き上げて気合を入れてくれた。みんなも暑さに負けるどころか元気いっぱいだった。

試合は順調に進んだが、男子は惜しくも三回戦で敗退してしまった。しかし女子は四試合目の準決勝も突破し、決勝まで進出した。団体戦は先鋒、次鋒、中堅、副将、大将による五番勝負。横手中女子は、一回戦で四勝一敗した以外はすべて三対二で、楽勝だったのはひとつもなかった。決勝の相手は、予想どおり堂上中である。こちらはすべて四対一と、ほとんど危なげなかった。

決勝戦はすぐに行われた。横手中の先鋒はアンナ・シュピーゲルだ。三年前ドイツから日本に来た。お父さんがドイツ人で車のディーラーをしている。お母さんは日本人だ。アンナは中学校に入ってから剣道を学んだが、白川先生はアンナの筋がいいので、横手中の秘密兵器と考えているようだ。

そののびしろから、来年はわたしのあとを託すことになっている。アンナはいま一級だが、もう初段の力をもっていると白川先生は言っていた。実力があって負けん気の強い生徒を先鋒に使うのが先生の作戦だ。

女子チームではアンナは一六五センチの高い身長を生かした面が得意だ。会場ではその容姿から、注目度はいちばん高かった。アンナは今日これまで三勝一敗なので、横手中躍進の功労者と言ってよかった。白川先生も作戦がはまってさぞ喜んでいるだろう。相手の先鋒は堂上中で三人いる初段のひとり、浜口満里奈《はまぐちまりな》だ。一五〇センチと小柄だが、じつに俊敏な選手だ。

実力は伯仲と思われていたが、白川先生はアンナの好調ぶりから勝てると思っているようだった。とにかく身長差もあるし手足の長さが半端でない。アンナも自信満々だった。ところが試合はわからないもので、あっという間に浜口満里奈に胴と小手の二本を決められ、一本も返すことなくアンナは敗退してしまった。当てが外れるとはこのことだ。

面をはずして正座するアンナの白い顔は赤く上気していたが、目は吊りあがり唇は震え、悔しさがあふれていた。わたしの隣に座る先生の顔も生気がなかった。まさかストレートで負けるとは思っていなかったに違いない。

次鋒の横田友里は初段。今日はこれまで二勝二敗だった。相手も同じ初段で二年生。垂れの名札には「清水《しみず》」と書いてあった。たがいに一本ずつ決めて残り三〇秒に清水の右面打ちで決着がついた。友里はアンナと同様にその手足の長さを十分に生かしきれなかった。白川先生はまるで能面のように表情がなくなっていた。友里の顔は真っ青で目には涙がにじんでいた。試合会場でなければ泣きだしていたかもしれない。

中堅は中村京香だ。相手は三年生の石井《いしい》祥子《しょうこ》で堅実な剣道をする。横手中の場合、団体戦の弱点は中堅にあった。今日の京香は一勝三敗だった。それでも白川先生は京香の粘着的であきらめない性格を買っていたので、補欠の青田理奈と交代させる気はなかったみたいだ。

一方の石井は、三勝一敗である。アンナ、友里とすでに二敗している横手中としては、なんとしても京香には勝つか、悪くても引き分けてほしい。ここで負ければ、優勝は堂上中に決定してしまう。

試合が始まった。京香は胴が得意で、きょうの一勝も胴を払ったものだ。そういうことは相手もすでに知っている。石井祥子は中段に構えて、竹刀を大きく振りかぶるような技は出さない。

見ていてわかったが、石井はとにかく負けない剣道を目指しているようだった。これまでの三勝もすべて一対〇である。だから試合では消極的なように見えた。じりじり時間は過ぎていく。

そんな膠着《こうちゃく》状態が続いたとき、京香は小手から面に行くと見せかけて、相手の手元を上げさせて、「ドー」という掛け声とともに斜め四五度に竹刀を振り下ろして小手胴を打った。審判三人の白旗がいっせいに上がった。

この日いちばんの歓声が体育館にこだました。残り時間は三〇秒を切っていたので、相手の攻めを必死でかわした京香の勝ちとなった。部員みんなが大きな拍手をしていた。番狂わせと言ってよかった。白川先生もわたしも「ふう」と大きくため息をついた。

堂上中の監督も少し驚いていたようだ。団体戦で負けるのは、個人戦で負ける以上に悔しい。一年生のときも、二年生のときも団体戦で負けてきた、三年生の京香の意地だった。

副将戦では、丸山紗枝と小久保楓《こくぼかえで》の対戦になった。初段の紗枝はここまで一回しか負けていないが、対する小久保楓は同じく初段だが、全勝できている。どちらも面を得意としていて、背格好も差がない。小久保はほかの中学ならどこでも大将だろう。

クールな紗枝だが、今度の総体前に、

「もし総体で決勝戦に行くことができなかったら、もう剣道はやめる。高校ではやらない」

と熱くわたしに言っていた。白川先生に知られればその心得違いをたしなめられるだろうから、わたしは誰にも言わなかった。でも、わたしも紗枝と気持ちは変わらなかったから、うれしかった。

副将戦で負ければ、横手中の優勝がないことに変わりはない。その点、気が楽なのは堂上中であり小久保のほうだった。見た目でも余裕があった。歩き方でわかるのだ。体の芯がぶれず、力《りき》みもなく、すり足だがスッスと流れるように足を運び、よどみがない。

一方、紗枝は緊張していた。練習試合ではメンバーの顔を一人ひとり確認するように顔を動かして出ていくのが紗枝の癖だが、今日はわたしの顔を見ただけだった。それでも、絶対勝ってやるという紗枝の気迫は感じた。面の物見から見える目つきが怖かった。

試合が始まり、ふたりが鍔迫り合いになって離れる瞬間、小久保の足が滑った。あおむけに倒れるのではないかと見えたとき、紗枝の「メーン」という声とともに振り下ろされた竹刀は小気味よくしなって小久保の左面を打っていた。

思いがけない形で一本先取された小久保は、猛然と技をくり出してきた。体勢を崩しながら、飛び込み胴まで打ってくる。白川先生は体勢を崩しながらの打突は、決まらなければ相手にたやすくつけこまれるので、わたしたち部員には練習中も決してさせなかった。

優位に立っている紗枝は相手の動きを読み切っているような動きで、遠間で中心をとりつつ、すごい気合とともに相手の竹刀を反時計回りに巻きあげて構えを崩し、正面から面を決めた。またもや観客席から「ワーッ」という歓声が上がった。

「これはすごい」というほどの紗枝の見事な試合だった。横目で見ると白川先生は拍手をしながら腰を半分浮かし、それはそれはうれしそうな顔をしていた。試合の結果に一喜一憂している白川先生には、普段の威厳はもうどこにもなかった。

これで二対二。とうとう大将戦決着になった。堂上中の大将は、大神摩耶だ。こんなにうまく、わたしの願いがかなうとは思わなかった。場外から立ち上がって場内に入るとき、ふと二階の観客席を見上げると、家族の姿が目に入った。おばあちゃんは額入りの写真を手にしていた。おじいちゃんの写真だ。

それまでみんなが応援していることは知っていたが、おじいちゃんの写真はなかった。きっと決勝戦なので、おじいちゃんに見てもらうと同時に、わたしに勇気を与えようと取り出したのだろう。不思議とプレッシャーは感じなかった。心の中で、

「おじいちゃん応援して！」

と念じた。

絶対負けられないと心から思った。それは大神摩耶も同じだろうが、その思いはわたしのほうが絶対強いはずだ。昨日負けたリベンジもあるし、横手中の初優勝もかかっている。そのうえおじいちゃんへの恩返しもある。白川先生の大喜びする顔も見て

みたい。気持ちが高ぶっているのだろう、いろいろな思いが出てくる。ふと、〝心は熱く試合は冷静に〟と岡田範士が言っていたことも思い出した。

大神摩耶からポイントを二本とるのは難しいだろう。では一本をどうやってとればいいのか。小手にこだわって活路は開けるのだろうか。この場になっても迷う気持ちがある。しかし、もうあれこれ考えるのはやめよう。主審の「始め」の合図で勝負は開始された。

会場に強力な冷房装置があっても選手には暑い。防具の面から汗がしたたり落ちる。集中しなければ摩耶の剣技には対抗できない。お互い遠間で中段に構えたが、先に仕掛けたのはわたしだった。竹刀を大きく振り上げ面を打つと見せかけ摩耶の胴を打つと、摩耶は左足を引いてかわし、わたしの面を狙って打ち下ろした。

これは不十分で一本にならなかった。摩耶は、体が後ろに傾くこともなく水平に移動するのでバランスは崩れなかった。だから打突のあとも、容易につけこむことができない。それは昨日の準決勝戦で感じたことでもあった。

まだ開始から一分も経っていない。いままでは摩耶のペースだ。わたしは自分から仕掛けていくことを決意した。返し技を決められれば仕方がない。摩耶は徹底して面を狙ってきている。それならそれで面打ちを誘ってやればいい。

わたしは中段に構えた竹刀を上段に上げようとする動きに気合を込めた。すかさず摩耶はわたしの面を狙い、飛び込んできた。摩耶の両腕が伸び切った瞬間、わたしは体を右斜めにわずかにさばいて右胴を打った。これが自分ながら見事に決まり、三人の審判の白旗がいっせいに上がった。望外の一本だった。まさかまさかの先制だ。

これを守るしかない。わたしの心は決まった。だがこれは間違いだった。負けないようにと思う心が、防戦一方にわたしを追いこんだ。摩耶は知っていたのだ。返し技を恐れて攻めてこなくなったわたしの〝臆する心〟を。

一本決めてから一分ほど経って「もう限界かな」と思った瞬間、摩耶は上段に中眼から竹刀を振りかぶりつつ遠間でわたしの右胴を狙い、わたしの意識が胴に向いた途端、連続技で気合鋭く「メーン」と面を決めた。

とうとう一本ずつポイントが入り、勝負はふりだしに戻った。わたしは、おじいちゃんが自分の大学の名誉を守るために、格上相手に勝利した話を思い出していた。「サムライになった気分」とおじいちゃんは言っていた。観客席を見上げるとおじいちゃんの額入りの写真がピカッと光った。

攻めるしかないと覚悟を決めた。昨日、個人戦の準決勝のあと、白川先生が不思議そうに話していた言葉を思い出した。

「大神はあんなに強いのに、面を打ち込むとき、左足が出ていることがあるぞ。つまり、相手より出遅れてしまうということだ。これは悪い癖が矯正できていないのかもしれない。あるいは相手と実力差があるから、気にしていないのだろうか。明日、もう一度戦うことがあればそこを見極めて面を打ち込みなさい」

そうだ、チャンスは一回はあるはずだ。逃しては勝ち目がない。もう残された時間はない。これはわたしに有利に働くはずだ。もしこのまま決着がつかなければ、両校ひとりずつ選ばれた人が戦う「代表戦」になる。個人戦優勝者として、摩耶は代表戦までもちこむ気はないだろう。この試合、昨日負かした相手に引き分けでは、絶対満足できない。だからいままで以上に積極的に攻めてくるはずだ。それも得意の面を決めようと。絶対そこに落とし穴がある。

わたしも代表戦にもちこむ気はまったくない。白川先生は、もし代表戦になればアンナを指名すると言っていた。二年生のアンナは次の大将かつ部長なので、来年のため経験を積ませたいようだ。でも先生は先程のアンナのストレート負けを見てどう思っているだろう。わたしも自分が決めなければ、のちのち絶対後悔すると思った。

わたしは集中した。摩耶の体全体の動きを視野に入れながらも同時に左足の動きを決して見逃さない、と。極度に集中が高まると針一本が落ちる音まで拾えると聞いたことがある。わたしにもそんな無音の瞬間が訪れた。

もう時間はない。残り一分を切っている。おじいちゃん直伝の小手にこだわる気持ちはない。「焦るな、焦るな」と心のなかでつぶやく。わたし以上に摩耶は焦っているはずだ。摩耶が面を決めに来たときが勝負だ。神経が最高に張りつめている。でも体はよく動く。

わたしが摩耶に体当たりをしながら竹刀を合わせると、摩耶は全身の力でぐいとわたしを突き放しながら間合いを取った。そして一瞬で体勢を立て直すと竹刀を大きく振りかぶり、「メーン」と飛び込み面を決めようとしてきた。摩耶の左足が出ている。

「いまだ！」

摩耶の動きを瞬時に見切ったわたしは、振りかぶった竹刀で「ドー」と相手の右胴を払った。渾身の力を込めていた。横をすり抜け、振り返って残心を示すと、摩耶の驚愕したかのように見開いた両眼が面の物見から見えた。会心の一打だった。力のない摩耶の面打ちは有効打になっていないことをわたしは確信した。

白旗が三つ咲いた。大歓声が起こったが、わたしの耳には遠いウワーンという音にしか聞こえなかった。まるでエアポケットに入ったようだ。真空とはこんな感じだろうか。

一瞬、呆然と立ちすくんだ摩耶は気力を振り絞って礼をして退場した。わたしはロボットのようにギクシャク動きながら礼をした。勝ってうれしいというより、負けなくてよかったと思った。試合は終わったのだ。

ようやく正気に戻り観客席に目をやると、櫂がおじいちゃんの写真額を頭の上にかざして跳びはねていた。おばあちゃんは泣いているのだろうか。下を向いて肩を震わせているのがはっきりわかった。お父さんとお母さんは手を叩きながら喜んでいる。

ようやくわたしは勝った喜びが込みあげてきた。このまま時間が止まってほしい。

高揚した気分はなかなか収まらなかった。ふと、わたしの頭の中に『武士道』の一節が浮かんできた。〝名誉は「境遇から生まれるものではなく」、個人個人がその役割を十分に果たすことにある〟という言葉だ。なぜわたしが、こんな覚えにくい言葉を覚えているかといえば、おじいちゃんが、

「剣道部の部長として頑張るときに思い出すといい」

と言ってくれたからだ。

わたしはこの言葉を〝どんな状況でも、自分の全力を尽くすことが名誉を守ることになる〟と自分なりに解釈して覚えた。いままでこの言葉を試合で思い出したことはなかった。でもいま、大試合に勝った高潮した気分で、この言葉が頭の中に浮かんできた。おじいちゃんに教えられながら学んだ『武士道』は自分の血肉となっていたのだろうか。

試合の熱気が残るなかで、苦しい練習や仲間の顔が走馬灯のように浮かんできた。

次は全国の中学総体がある。そう思うと、興奮はいつまでもしずまらなかった。

参考文献

『武士道』（新渡戸稲造著　岬龍一郎訳　ＰＨＰ研究所刊）
『武士道』（新渡戸稲造著　奈良本辰也訳・解説　三笠書房刊）
『武士道』（新渡戸稲造著　矢内原忠雄訳　岩波書店刊）
『武士道』（新渡戸稲造著　須和徳平訳　講談社刊）
『剣道　練習メニュー２００』（香田郡秀監修　池田書店刊）
『勝つ剣道上達のコツ60』（所正孝監修　メイツ出版刊）
『続　昭和剣士と名勝負』（青木春三著　体育とスポーツ出版社刊）
『剣道は寄せる・見る・打つ』（遠藤正明著　体育とスポーツ出版社刊）
『わかりやすい剣道段級審査』（香田郡秀著　成美堂出版刊）
『名著講義』（藤原正彦著　文藝春秋社刊）
『武士道の精神史』（笠谷和比古著　筑摩書房刊）

著者略歴

一九四六年に生まれる。出版社勤務を経てフリーライターに。

著書に、ベストセラーになった『交通誘導員ヨレヨレ日記――当年73歳、本日も炎天下、朝っぱらから現場に立ちます』（三五館シンシャ）、『なぜそこに感動が生まれたのか』（総合法令出版）、『武器としての言葉の力 文豪たちが教えてくれる最強の表現力・生きる作法』（三笠書房）、『あなたの脳を活性化する四字熟語クイズ』（海竜社）、『岡本太郎　爆発する言葉』（さくら舎）、編著書に『田中角栄　魂の言葉88』『人生は生きがいを探す旅―神谷美恵子の言葉』（ともに、三笠書房）などがある。

十四歳《じゅうよんさい》からのソコソコ武《ぶ》士《し》道《どう》

二〇二一年九月一〇日　第一刷発行

著者　柏《かしわ》　耕一《こういち》

発行者　古屋信吾

発行所　株式会社さくら舎　http://www.sakurasha.com

東京都千代田区富士見一-二-一一　〒一〇二-〇〇七一

電話　営業　〇三-五二一一-六五三三　ＦＡＸ　〇三-五二一一-六四八一

編集　〇三-五二一一-六四八〇　振替　〇〇一九〇-八-四〇二〇六〇

装丁　石間　淳

装画　アフロ

印刷・製本　中央精版印刷株式会社

ISBN978-4-86581-311-1